I0129693

ÉLÉMENS

DU

D OIT POLITIQUE.

Par M. COURVOISIER, Professeur
en Droit, de l'Université de Besançon.

Prix, 3 liv. 12 sols.

B. n°. 807.

A PARIS,

Chez Pain, Libraire, Cloître Saint-Honoré.

M. DCC. XCII.

2683

4843

INTRODUCTION.

Pour porter un jugement éclairé sur la révolution qui vient de bouleverser la France, il faut consulter le code du droit politique. si elle est conforme aux règles que ce code établit, elle est juste: tous les citoyens doivent l'embrasser de concert. Si elle les enfreint, elle est injuste: tous les citoyens doivent dire comme Cicéron, *ce qui est injuste ne peut être utile.*

Je vais donc, non pas discuter la constitution de l'empire françois, mais rechercher les principes généraux du droit politique; principes dont la découverte offriroit peu de difficultés, si la multitude, l'ignorance, la partialité des auteurs n'eussent pas répandu sur cette matière, des ténèbres épaisses & de nombreuses contradictions.

Les uns n'avoient aucune notion de la société civile, de la souveraineté, du gouvernement; les autres, emportés ou par l'esprit de parti, ou par l'esprit de systême, se sont jettés dans toutes sortes d'écarts & d'excès. Ils ont imaginé cent opinions contraires sur la nature & l'origine, sur les caractères & les droits du pouvoir souverain. Tantôt partisans aveugles de l'autorité royale, ils lui donnent une étendue immodérée; tantôt vils adulateurs du peuple, ils l'excitent à la rébellion, sous le spécieux prétexte d'une liberté chimérique. Toutes les formes de gouvernement trouvent parmi eux, des apôtres & des censeurs; puis, quand ils veulent définir le gouvernement & ses différentes espèces, ils ne s'entendent plus.

Grotius, plus fécond en citations qu'en raisonnemens, recule trop loin les bornes de l'autorité royale. *Barclay*, qui ne s'est pas garanti de ces défauts, a mal connu les principes constitutifs de la monarchie françoise. *Puffendorf*, plus méthodique & moins excessif, a rectifié quelques-uns des principes de *Grotius*; mais obscur dans ses définitions, diffus dans ses raisonnemens, plein de choses vagues, il embarrasse ses lecteurs plus qu'il ne les instruit. *Hobbes* & l'auteur anonyme des Essais sur le gouvernement civil, transforment tous les rois en despotes, à force de leur attribuer une puissance sans fin. Le baron de *Wolf*, estimable à beaucoup d'égards, fait du despotisme un légitime gouvernement. *Locke* & *Sydney*, l'un & l'autre, et le second sur-tout, partisans de *Cromwel*, attachés à l'armée du parlement, & républicains outrés, n'ont su faire aucune différence entre la légitime autorité des rois & le tyrannique pouvoir des defpotes. C'eſt encore un problême de favoir ſi *Machiavel* a dit ce qu'il penſoit, ou n'a cherché qu'à rendre odieuſe la puiſſance des princes ſouverains. Parmi les auteurs étrangers, je n'en connois point de plus judicieux que *Barbeyrac*, *Vatel*, & *Bur-lamaqui;* on doit regreter que le premier n'ait fait que des notes, & que les deux autres n'ayent pas traité les grandes queſtions qu'on agite aujourd'hui.

Quant aux François, ils ont dédaigné long-temps la ſcience politique. Mais dans ce ſiècle, que notre orgueil a nommé *le ſiècle de la philo-ſophie*, & que la poſtérité nommera peut-être le ſiècle des erreurs, de la corruption & du déſordre, la plupart des écrivains ont eu la manie de s'ériger en réformateurs des empires; & certes, ils ont porté l'abus du raiſonnement, la hardieſſe des opinions, l'eſprit de révolte, à un excès dont les ſiècles précédens n'avoient point vu d'exemples.

L'abbé de *Mably* perpétueroit, dans les états, le trouble & l'anarchie, ſi ſon traité *des Droits & des Devoirs du citoyen* venoit mal-heureuſement à former la doctrine des peuples. On ne peut lire, ſans horreurs, les maximes éparſes dans *le ſyſtême ſocial*, dans le *dictionnaire philofophique*, dans le *livre de l'efprit*, dans le *fyftéme de la nature*, dans le traité de *l'homme & de fon éducation*, dans *l'hiftoire philofophique & politique*, &c, &c. Si nous en croyons les auteurs de ces pernicieux ouvrages; « la re-» ligion n'a fait que fe rendre complice de la » tyrannie & de tous fes excès... Loin de » mettre un frein aux paffions des princes, elle » n'a fait que leur donner un effor illimité.... » L'ignorance, la crainte, le hafard, la fuperf-» tition, la ftupidité des peuples ont préfidé, » jufqu'à nous, à l'établiffement des gouver-» nemens, ainfi qu'à leurs réformes.... Cette » indépendance, qui ne fauroit fouffrir de fu-» périeurs, eft l'inftinct même de la nature » éclairée par la raifon.... Les rois ne font » autre chofe que les premiers commis de leur » nation, les premiers domeftiques de leurs » peuples, des bêtes féroces qui les dévorent, » & leurs premiers bourreaux». Et le fiècle où de tels blafphêmes font accrédités, feroit le fiècle des lumières!

Les confidérations fur le gouvernement de Po-logne, plufieurs lettres de la *Montagne*, le ju-gement fur la paix perpétuelle & fur la poly-finodie de l'abbé de Saint-Pierre, la dédicace du difcours fur l'inégalité des conditions, ren-ferment des vérités fublimes, des préceptes fages, d'admirables leçons. Mais on a négligé les principes pratiques de Rouffeau, pour s'attacher à la théorie du *Contrat-Social.* On a regardé comme le chef-d'œuvre de la fageffe, les jeux d'une imagination qui fe donnoit carrière. des paradoxes deftructeurs de toute fociété, ont été pris pour des vérités éternelles, parce qu'ils favorifent l'indépendance; & ce livre, que Voltaire appeloit le *Contrat-Infocial,* a tout perdu (1).

En un mot, l'efprit fyftématique & républicain, le fanatifme de la liberté, la fureur de contredire les opinions reçues, ont égaré nos nouveaux philofophes à chaque pas qu'ils ont fait dans la carrière politique. Ils confidèrent les hommes, non pas tels qu'ils font, mais tels que leur imagination les repréfente. Ils veulent gouverner les nations modernes à la manière des Grecs ou des Romains. Ils prennent le peuple pour une multitude de Socrates, éclairée par leurs leçons, devenue fage par leur doctrine. Ils remontent à l'époque où le genre-humain fortit du néant; puis, renverfant tout ce qui

_____

(1) Je ne parle pas de l'*Esprit des Loix.* Cet ouvrage immortel est d'un ordre bien fupérieur à tous les traités du droit politique. Il fuppofe les gouvernemens établis, puis, inftruit ceux qui gouvernent dans le grand art de la législation.

s'eſt fait dès - lors, ils bâtiſſent, à l'exemple de Platon, des républiques imaginaires, qui ne peuvent convenir ni aux hommes, ni aux choſes.

Il faut donc, pour trouver une route ſûre, marcher entre deux écueils; je tâcherai de les éviter l'un & l'autre. Sans épouſer aucun ſyſtême, aucun parti, je ſuivrai, je combattrai, tour à tour, tous les partis & tous les ſyſtêmes, ſelon qu'ils me paroîtront juſtes ou déraiſonnables; & je chercherai les principes, moins dans les livres qui les ont défigurés, que dans la droite raiſon, qui ne trompe jamais. Que ne puis-je, en rappelant aux princes, ainſi qu'aux peuples, leurs droits & leurs devoirs, apprendre aux uns qu'ils ne règnent que pour le bonheur de leurs ſujets, & convaincre les autres qu'ils ne peuvent être heureux que par l'obéiſſance aux loix, le reſpect & la ſoumiſſion envers ceux qui gouvernent!

Je ſais que, pour traiter dignement cette importante matière, il me faudroit des connoiſſances plus vaſtes, un génie plus profond, une plume plus exercée. Je vois, d'ailleurs, dans la carrière qui s'ouvre devant moi, de célèbres écrivains à combattre. Mais la juſtice & la raiſon me prêteront leurs armes, & je ſerai content de moi, ſi mon exemple engage de meilleurs athlètes à s'en ſervir avec plus de ſuccès.

Fin de l'introduction.

ÉLÉMENS

DU

DROIT POLITIQUE.

LIVRE PREMIER.

CHAPITRE PREMIER.

SUJET DE CE LIVRE.

JE dirai d'abord ce que c'est que le droit politique; ensuite je jetterai les yeux sur la société civile, sur les différentes espèces de pouvoirs nécessaires à sa conservation, sur le lien qui la forme & les effets qu'elle produit: car les sociétés civiles étant l'objet du droit politique, il faut connoître la nature des unes, avant que d'examiner les principes de l'autre.

CHAPITRE II.

DU DROIT POLITIQUE.

PAR le droit en général, j'entends les règles
qui apprennent ce qui est juste & bon; & ces
règles font différentes, selon les différens rapports fous lefquels les hommes peuvent être
envifagés.

Celles que la droite raifon prefcrit, appliquées aux individus, forment le droit de la
nature; appliquées aux nations, forment le
droit des gens.

Mais les hommes vivent en fociété, &, fous
ce point de vue, ils prefentent d'autres rapports; il leur faut d'autres loix.

Confidérés dans la liaifon mutuelle qui unit
les citoyens entr'eux, ils ont des droits à exercer les uns contre les autres, des obligations
à remplir les uns envers les autres; ils ont des
loix qui règlent la nature & les effets de ces
droits, de ces obligations; voilà le droit civil qui fe divife en droit public & en droit
privé, fuivant qu'il a pour principal objet;

ou le bien du corps en général, ou l'avantage des membres en particulier.

En les envifageant comme membres de la fociété civile, on apperçoit d'une part, des fujets, d'autre part, un fouverain. Il exifte des rapports mutuels entr'eux & lui ; il exifte des loix qui déterminent ces rapports : voilà le droit politique.

Le droit politique eft donc celui qui concerne la conftitution des états, l'autorité des fouverains, les droits & les devoirs des fujets.

CHAPITRE III.

De l'origine des fociétés civiles.

Nous avons appris à connoître les fociétés civiles par l'habitude de les voir. La réunion de plufieurs individus, affociés pour travailler, de concert, à leur profpérité commune : voilà ce qui les forme. Elles font un corps moral qui ne tombe pas fous les fens, mais que l'entendement conçoit fans peine, & qui, femblable aux corps phyfiques, jouit de la volonté & de la force, de la vie & du mouvement.

Quelle en a été l'origine? Quelles en ont été les caufes? Depuis long-temps les philofophes cherchent la folution de ce problême.

Avant l'établiffement des empires, la loi naturelle, plus foible que les paffions, étoit incapable d'établir, parmi les hommes, la juftice, la bienfaifance & la paix. Soit que difperfés dans les bois, ils jouiffent d'une indépendance abfolue, ou que réunis en famille, les enfans d'un même père vécuffent fous fon autorité, l'expérience leur apprit d'abord qu'ils n'avoient pas affez de leur induftrie perfonnelle, pour fe procurer les befoins & les commodités de la vie; que d'ailleurs, leur force particulière fuffifoit encore moins pour réfifter aux attaques d'un individu plus puiffant, ou d'une famille plus nombreufe. Ils découvrirent enfuite, par le fecours de la réflexion, que la réunion de plufieurs familles, ou d'une multitude d'individus, ajouteroit à la force, à l'induftrie de chacun, l'induftrie & la force de tous les autres. Les premiers qui formèrent cette utile affociation, rendirent néceffaire à leurs voifins une affociation pareille: ceux-ci en donnèrent l'exemple à d'autres, qui, pour leur fûreté propre, furent contraints de l'imiter. Ainfi s'établirent, autant qu'il eft permis de le conjecturer, les

fociétés civiles, groffières dans les commencemens, perfectionnées dans la fuite.

C'eft du moins une vérité certaine, & cette
vérité nous fuffit, que les hommes exiftèrent
avant les fociétés, & que les fociétés furent
établies pour l'avantage réciproque des membres
qui les compofent. Excellente inftitution, que
les mifanthropes ont cenfurée comme contraire
à la nature, mais que le fage admireroit comme
le chef-d'œuvre de la raifon, quand il n'y re-
connoîtroit pas l'ordre de la Providence !

CHAPITRE IV.

Du pouvoir légiflatif & de la loi.

CETTE inftitution toutefois, feroit devenue
une nouvelle fource de troubles & de défordres, fi, dans l'état de fociété comme dans
l'état de nature, les hommes n'avoient eu
d'autres guides que la paffion de l'indépendance, les dérèglemens de l'amour-propre ou
l'impulfion du caprice. Il falloit donc des règles
qui prefcriviffent à tous, ce que chacun devoit

faire pour l'utilité commune : c'est-à-dire ; qu'il falloit des loix, & une puissance établie pour les dicter.

Selon les nouveaux politiques, *la loi est l'expression de la volonté générale.* On ne pouvoit rien imaginer de plus vague, de plus obscur de plus inintelligible. Qu'est-ce donc que la volonté générale ? A quel signe peut-on la reconnoître ? Comment doit-elle se former ? Quel en est l'organe ? Quand on aura résolu tous ces problèmes, je ne saurai pas encore ce que c'est que la loi. Je n'aurai aucune idée ni de sa nature, ni de son objet. Faut-il s'étonner que cette définition mystérieuse, ait jetté dans une foule d'inconséquences, de contradictions, & Rousseau, qui en est l'inventeur, & les métaphysiciens qui l'ont commentée, & les législateurs qui l'ont suivie. Les anciens disoient avec raison que la loi est *une règle prescrite par l'autorité souveraine, pour diriger les actions des citoyens vers le bien général de la société.* Je vois, dans cette définition, la nature de la loi, celui qui a le droit de la porter, ceux qui y sont soumis, le but qu'elle se propose.

Le premier caractère des loix, est d'être générales dans leur objet. Puisqu'elles ont en

vue le bien de la fociété, elles doivent donc
confidérer le corps des citoyens, & non pas
les individus; *les actions comme abftraites*, dit
Rouffeau, *& non pas les actions particulières.*

Leur fecond caractère, eft d'être honnêtes
& juftes. Comment feroient-elles règner parmi
les hommes la juftice & l'honnêteté, fi elles
étoient elles-mêmes contraires à l'honnêteté
& à la juftice?

Leur troifième caractère, eft d'être accom-
modées au génie de la nation, à qui on les
donne; autrement, il feroit impoffible de les
obferver, & il eût mieux valu ne les pas
faire.

Il faut d'ailleurs qu'elles foient publiées:
on ne peut être contraint d'obéir à des loix
inconnues. Mais faut-il encore qu'elles foient
acceptées par les fujets, lorfqu'elles ne font
pas faites par la nation elle-même? C'eft pro-
pofer deux autres queftions, favoir fi la puiffance légiflative peut s'aliéner, ou fi elle eft
inaliénable, & fi le pouvoir fouverain, que
la nation remet au monarque, peut quelquefois être abfolu, ou doit toujours être limité: queftions que je difcuterai dans les livres
fuivans.

CHAPITRE V.

Des autres pouvoirs nécessaires pour le maintien de la société.

Mais à quoi serviroient les loix, si elles pouvoient être impunément violées? les laisser sans force, c'est en inspirer le mépris, & la corruption des mœurs résulte nécessairement du mépris des loix. Il falloit donc, après les avoir faites, pourvoir à leur exécution, & établir une puissance qui forçât de les observer, ceux que leurs passions porteroient à les enfreindre.

Un tel acte est-il conforme ou contraire à la loi? Cette question doit se présenter à chaque instant. En vain la loi est claire; il est très-souvent difficile de l'adapter aux circonstances particulières du fait. Il faut donc un pouvoir pour terminer les différends qui s'élèvent sur l'application de la loi.

Ces trois pouvoirs dont l'un fait la loi;
l'autre

l'autre la fait exécuter, le troisième l'applique, suffisent pour la sûreté des citoyens
entr'eux. Mais il faut encore veiller à la
sûreté de la nation, contre les entreprises
des nations voisines. Il faut donc un pouvoir
qui accroisse par des alliances, la force de
l'état, qui déclare la guerre lorsque les circonstances l'exigent, qui fasse la paix, lorsque la guerre doit cesser.

D'ailleurs, on ne peut administrer les
affaires publiques, sans des dépenses propor-
tionnées à leur étendue. Il faut donc un pouvoir qui prenne une partie du domaine des
citoyens, pour en former le domaine de
l'état, ou qui établisse des impôts & des
subsides.

Il en est un autre encore non moins essentiel pour le bon ordre de la société : celui de
veiller sur la doctrine publique, & sur l'usage
de la presse. La doctrine publique épure ou
corrompt les mœurs dans leurs sources ; le
gouvernement ne doit donc pas la regarder
avec indifférence. La presse répand l'opinion ;
l'opinion exerce un empire absolu sur la
jeunesse irréfléchie, sur le vulgaire ignorant ;
souvent même elle entraîne l'âge mûr & le
philosophe profond. Il n'est donc pas possi-

B

ble de donner également un libre cours aux écrits religieux ou impies, honnêtes ou licencieux ; aux écrits qui engagent à la foumiſſion ou prêchent la révolte ; qui portent au vice, ou inſpirent la vertu. Avec une licence effrénée de tout écrire, quelle autorité ſera permanente ? quel peuple conſervera le reſpect pour la religion & la pûreté des mœurs?

Je ſais que la tyrannie la plus dure eſt celle qui veut aſſervir juſqu'à la penſée, & que la liberté fuit les états où l'opinion eſt eſclave. Mais le bien & le mal, l'uſage & l'abus ſe touchent de près. Il faut reſpecter les mœurs, ſans leſquelles on n'aura jamais de bons citoyens ; le gouvernement, ſans lequel on n'aura jamais de ſociété civile ; la religion, enfin, ſans laquelle on n'aura jamais ni un bon gouvernement, ni de bonnes mœurs.

CHAPITRE VI.

Que tous ces pouvoirs peuvent se rapporter à deux pouvoirs généraux.

CES différens pouvoirs , dont les deux chapitres précédens renferment l'énumération, peuvent se rapporter à deux pouvoirs généraux , dont tous les autres ne font que des attributs : savoir , la puissance législative , & la puissance exécutive : l'une & l'autre renferment le *pouvoir de confédération* que *Locke* y ajoute, & le *pouvoir judiciaire* dont M. *de Montesquieu* fait une classe séparée.

Lorsque la puissance législative & la puissance exécutive font réunies , il est moins important de distinguer la nature propre de l'une & de l'autre : cette distinction est essentielle, lorsqu'elles font séparées, parce qu'alors chacune d'elles doit connoître ses fonctions ; tout ce qui concerne la législation est du ressort de la premiere ; tout ce qui concerne l'exécution , forme le district de la seconde. Ainsi, c'est au pouvoir législatif à organiser le pouvoir judiciaire ; mais son exercice ap-

partient au pouvoir exécutif ; l'un détermine
la manière dont la juſtice ſera rendue ; l'autre
la rend elle-même , ou la fait rendre par ſes
lieutenans. Il eſt clair , en effet , que l'application de la loi eſt inſéparable de ſon exécution ; car la loi ne peut s'exécuter ſans qu'on
l'applique. Le pouvoir judiciaire ne forme
donc pas une troiſième claſſe ; il n'eſt qu'une
branche du pouvoir exécutif.

Que doit-on penſer du droit d'établir les
impôts , de déclarer la guerre , de faire la
paix , de contraſter des alliances ? *M. de
Monteſquieu* l'accorde au pouvoir exécutif,
& n'en dit aucune raiſon. M. *Rouſſeau* l'attribue de même au pouvoir exécutif, « *par
la raiſon* , dit-il , *que chacun de ces aſtes n'eſt
point une loi , mais ſeulement une application de
la loi* ».

En effet, la première de toutes les loix ,
la loi ſuprême , veut que l'état ſoit gouverné,
que l'état ſoit défendu ; le ſoin de le défendre
& de le gouverner eſt donc , non-ſeulement
le premier des droits , mais le premier des
devoirs de la puiſſance exécutive. Et comment le gouverner ? Comment le défendre
ſans des impôts , ſans des alliances & des
guerres ? Ainſi les déclarations de guerre ,

les traités de paix, les contrats d'alliance, l'établissement même des impôts, sont moins des loix nouvelles, que des proclamations conformes aux loix préexistantes.

Mais, quoique ces actes tiennent, par leur nature au pouvoir exécutif, une nation qui se constitue, peut néanmoins les en détacher, pour les réunir à la puissance législative; & lorsque telle a été, dans le principe, la division des pouvoirs, ils ont chacun leurs fonctions distinctes, par rapport à la paix & à la guerre, aux alliances & aux impôts; le pouvoir législatif établit les impôts; le pouvoir exécutif les perçoit; l'un déclare la guerre; l'autre la fait. Celui-là conclut la paix; celui-ci licencie l'armée; le premier contracte les alliances; le second veille à leur observation; mais, que ceux qui sont appellés à l'auguste fonction de créer les empires, ou de leur donner une nouvelle forme, examinent attentivement, s'il est sage de démembrer la puissance qui exécute, pour enrichir de ses attributs la puissance qui ordonne.

CHAPITRE VII.

Du Contrat Social.

LE lien de la société , le fondement de la
puissance souveraine , la clef du droit politique , c'est le contrat social : par lui , l'on
résout tous les problêmes de l'état civil ; par
lui , l'on connoît les droits & les devoirs des
citoyens envers la patrie , & de la patrie
envers les citoyens.

Dans l'état de nature , les hommes ne font
point tenus de veiller à leur conservation
réciproque ; & nul d'entr'eux ne peut exercer
fur les autres , une légitime autorité (1) :
que la bienfaisance les engage à s'aider mutuellement , ce n'est pas-là un devoir rigou-

---

(1) Je ne parle ni de l'autorité du père de famille
sur ses enfans, ni de l'obéissance que ses enfans lui
doivent, ni des secours mutuels qu'ils sont obligés
de se rendre : tout cela est bien du droit naturel ;
mais le droit naturel et l'état de nature ne sont pas
la même chose.

reux. Que le fort opprime le foible, ce n'eſt pas-là un droit inviolable. Tel qui céde à la violence, ou qui aſſiſte un malheureux, ne perd rien de ſon indépendance naturelle.

Dans l'état de ſociété au contraire, les hommes ne conſervent pas le libre uſage de leurs volontés & de leurs forces. Ils doivent employer leurs forces pour le bien commun ; ils doivent ſoumettre leurs volontés à la volonté générale. Or, cet aſſujettiſſement qui ne vient pas de la nature, réſulte donc de la convention ; la connoiſſance de l'effet conduit infailliblement à connoître la cauſe, lorſqu'une ſeule cauſe a pu le produire.

Ainſi, toutes les fois que pluſieurs individus forment une ſociété, par l'union de leurs volontés & de leurs forces, chacun d'eux s'oblige envers tous les autres à contribuer de ſa perſonne & de ſes biens, à la ſûreté, à l'avantage, non pas de chacun en particulier, mais de tous en général : c'eſt un contrat de tous envers chacun, & de chacun envers tous. Celui qui refuſeroit de ſe lier par cet engagement ſolemnel, ne feroit pas membre du corps politique ; il ne devroit rien à l'état ; l'état ne lui devroit rien

B 4

non plus. Mais, son indépendance ne tour-
neroit pas à son profit : car tout citoyen
reçoit de la cité, plus qu'il ne lui donne.

Ce n'est pas tout, que les volontés & les
forces soient unies par cette premiere convention ; si elles ne se dirigeoient pas de
concert vers la fin que la société se propose,
il n'y auroit point d'union, point d'ensemble ; & le corps social seroit dissous aussitôt
que formé. Il est donc nécessaire que cette
direction commune leur soit imprimée par
une puissance qui domine également sur tous.
Il est nécessaire que tous s'imposent, par
une nouvelle promesse, l'obligation d'obéir
à cette puissance, lorsqu'elle sera légitimement
établie, & ses ordres légitimement donnés.
C'est sur cette promesse que reposent les deux
pouvoirs législatif & exécutif ; c'est de cette
promesse qu'ils tirent leur autorité ; les membres de la société naissante qui ne l'auroient
pas faite, pourroient troubler l'ordre public
par des mouvemens irréguliers, & ils seroient
renvoyés, sinon comme rebelles, du moins
comme dangereux.

Nulle société ne peut donc se former, sans
une premiere convention, qui lie entr'eux
chacun des membres dont elle sera composée.

Nulle société ne peut se maintenir, sans une seconde convention qui les assujettisse tous à l'autorité du corps.

Et qu'on ne dise pas que ce n'est-là qu'un contrat imaginaire ; que l'on n'en trouve aucun vestige dans aucun monument. Il est gravé en caractères inéfaçables dans la nature même des choses , & la société en atteste l'existence , par son existence propre.

CHAPITRE VIII.

Comment le Contrat Social se perpétue.

LE contrat social n'est pas dissous par la mort des parties qui l'ont stipulé. Il se transmet à ceux de leurs descendans qui naissent dans l'état ; il est adopté par les étrangers qui viennent s'y établir. Si les enfans des premiers citoyens n'avoient pas voulu rester membres de l'état créé par leurs peres, ils seroient allés vivre ailleurs. Si des étrangers ne vouloient pas devenir membres de l'état où ils transportent leur domicile , ils ne l'y transporteroient pas. Lorsque les uns y demeurent, & que les autres y vont demeurer; ils en acceptent donc les loix par un consentement tacite. Ainsi, le contrat social se renouvelle, se perpétue d'âge en âge, avec les avantages qu'il procure, & les charges qu'il impose. Ce n'est pas une nouvelle société qui s'établit à chaque génération : c'est la premiere société qui reste immuable, au milieu de l'instabilité de ses membres.

Ces réflexions détruisent un faux principe dont *Locke* est l'inventeur, & qui produiroit, s'il étoit juste, les plus pernicieuses conséquences. « J'avoue, dit-il, qu'un homme » est obligé d'exécuter les promesses qu'il a » faites pour soi : *Mais, il ne peut, par* » *aucune convention, lier ses enfans ou sa* » *postérité.* » (1) Aussi, ce n'est pas la convention des premiers fondateurs de la société civile, qui lie leurs enfans ; ce sont leurs enfans qui s'engagent eux-mêmes, en adoptant cette convention par un consentement libre & volontaire (2).

_____

(1) Traité du gouvernement, chap. 7.

(2) *Burlamaqui* et beaucoup d'autres, notamment les rédacteurs des Provinciales philosophiques, tom. 5, pag. 390 et 391, pensent néanmoins que,

CHAPITRE IX.

Comment se forme la volonté du Corps politique.

COMME un individu n'a pas le droit de stipuler au nom d'un autre, la société civile ne peut se former que par le consentement individuel de tous les particuliers qui la composent. Mais la société, lorsqu'elle est établie, a le droit d'obliger tous ses membres : ce droit résulte du contrat social : conséquemment, chacun d'eux est lié par la volonté générale, toutes les fois que le corps délibere sur l'intérêt commun.

Mais pour former la délibération, le vœu du corps politique, il n'est pas besoin du consentement de tous les membres : c'est assez du consentement de la plus grande partie.

Les particuliers qui paroissent à l'assem-

dans cette matière, tous les descendans sont engagés par la convention que leurs premiers pères ont faite. Mais qu'ils aient reçu leurs liens de la main de leurs prédécesseurs, ou qu'ils se les soient imposés d'eux-mêmes, peu importe.

blée, n'y paroiffent pas comme individus,
mais comme membres du corps. Il n'y a donc
qu'une feule volonté, parce qu'il n'y a qu'un
feul corps ; & cette volonté unique réfulte
néceffairement de la volonté, du plus grand
nombre.

En général, une feule voix de plus fuffit
pour conclure la délibération ; l'on peut
néanmoins déterminer arbitrairement, felon
l'importance des affaires, qu'il faudra les
deux tiers des voix, ou les trois quarts :
mais, dans aucun cas, l'unanimité ne peut
être néceffaire, parce que c'eft un corps qui
délibère ; à moins qu'il ne foit queftion de
diffoudre le contrat focial, ou de priver les
membres de la fociété des droits qu'il leur
affure : comme en effet la volonté de tous
eft néceffaire pour le former, elle feroit néceffaire auffi pour le rompre ; & nul ne peut
être dépouillé, fans fon aveu, des droits qui
lui appartiennent.

L'avis du plus grand nombre engage donc,
malgré eux, tous ceux qui étoient d'un avis
contraire ; & ce n'eft-là ni une injuftice à
leur égard, ni une atteinte à leur liberté.
En formant la fociété, ils ont promis de fe
foumettre à la volonté du corps, c'eft-à-dire,

à la volonté du plus grand nombre ; & ce n'eſt pas être eſclave, ce n'eſt pas endurer une injuſtice, que de ſubir une loi qu'on s'eſt librement impoſée.

Ceci ſuppoſe au ſurplus, que les aſſemblées du corps ſe faſſent en commun, que les voix ſe recueillent par têtes. Si, en effet, le peuple étoit diviſé en pluſieurs claſſes, & que chaque claſſe s'aſſemblât ſéparément, il faudroit dire de chacune d'elles, ce que nous avons dit du corps entier.

CHAPITRE X.

Des effets du Contrat Social.

PAR le contrat ſocial, les hommes paſſent de l'état de nature à l'état civil, & ce changement les dépouille d'une partie de leur indépendance, les ; aſſujettit à de nouvelles obligations, leur donne de nouveaux droits.

1°. Dans l'état de nature, l'homme eſt ſoumis aux loix naturelles : il les méconnoît, parce qu'il manque de lumières, ou les viole, parce qu'il compte ſur l'impunité. Il

n'a donc alors d'autre guide que fon inftinct,
d'autre regle que fes caprices ; il ne dépend
que de lui-même & de fes befoins ; fa liberté
n'auroit point de bornes , fi fes forces étoient
indéfinies (1).

Dans l'état civil, au contraire, fa raifon
éclairée, par la raifon générale , donne un
frein à fes penchans : fa volonté eft fubordonnée à la volonté de la loi : fes forces font
dirigées ou contenues par la force publique ;
ainfi le contrat focial prefcrit des bornes à
l'indépendance naturelle.

2°. Puifque les individus qui l'ont formé,
ont mis en commun , leurs perfonnes & leurs
biens, ils doivent donc en confacrer l'ufage,
à l'intérêt commun. De-là, l'obligation impo-
fée à tous les citoyens, de fe rendre utiles
à l'état par leur travail, & de le défendre ,
même au péril de leur vie , lorfqu'il eft en
danger : celui qui l'abandonne , pouvant le

---

(1) Je n'entends pas souftraire l'homme, dans
l'état de nature, à l'empire des loix naturelles. Je
veux dire feulement que, dans l'état de nature, la
raifon de l'homme est obscurcie par ses préjugés,
dominée par ses passions, et que les loix naturelles
font alors incapables de le diriger ou de le contenir.

fecourir, celui qui eſt oiſif pouvant travailler,
viole le contrat ſocial. De-là encore, l'obligation que tous les citoyens contractent, de
contribuer aux beſoins de l'état ſelon l'étendue de leurs richeſſes ; & c'eſt enfreindre auſſi
le Contrat Social, que de céler ſes richeſſes
pour diminuer ſa contribution.

3°. Si ce ſont-là des ſacrifices qu'il font
à la ſociété, elle les en dédommage avec
uſure.

Dans l'état de nature, le plus foible devient
néceſſairement la proie du plus fort. Il y a
des poſſeſſions, mais point de propriétés ; &
ſi l'on poſſede par le droit du premier occu-
pant, on ne conſervera ſa poſſeſſion que par
le droit de la force. La ſociété, au contraire, veille également à la ſûreté des perſonnes, & à la conſervation des biens. Elle
employe l'autorité de la loi pour déterminer
ce qui appartient à chacun. Elle ſe ſert de
la force publique pour préſerver chacun &
des coups de la tyrannie & des entrepriſes
de l'uſurpation. Si la vertu ne ſuffiſoit pas
pour inſpirer aux citoyens l'amour de la
patrie, du moins, ils devroient la ſervir
pour leur propre intérêt.

Un autre effet , très important , réfulte encore du pacte focial : c'eft l'inégalité entre les citoyens. Mais j'en parlerai ailleurs (1).

(1) Voyez le sixième livre, chap. 2 et 3.

Fin du premier livre.

ÉLÉMENS

DU
DROIT POLITIQUE.

___

LIVRE SECOND.

___

CHAPITRE PREMIER.

SUJET DE CE LIVRE.

JE vais traiter de la souveraineté & du gouvernement. Cette matière étoit simple autrefois; elle étoit facile. On regardoit la souveraineté comme la réunion des pouvoirs nécessaires pour régir sagement le corps politique. On pensoit qu'elle peut s'aliéner, se communiquer, se diviser, & que le caractère distinctif du gouvernement se tire de la manière dont elle s'exerce.

C

Ce n'est pas que *Buchan*, *Boucher*, l'anonyme qui a pris le nom de *Brutus*, n'aient déclamé avec violence contre l'autorité royale, & prétendu l'assujettir indéfiniment à l'autorité du peuple. Mais leurs systêmes étoient si mal conçus ; ils étoient établis sur des raisonnemens si frivoles, sur des citations si fausses ou si mal appliquées, que, depuis long-temps, ils seroient tombés dans l'oubli, si Barclay n'en eût conservé la mémoire, en les réfutant.

Un homme a paru, qui a renversé toutes les notions reçues, avant lui, sur cette matière ; qui a détruit les bases de l'ancien droit politique, & élevé cette science sur des fondemens nouveaux. M. Rousseau, ce philosophe si fameux par la beauté de son génie, par la profondeur de ses pensées, par les charmes de son style, par les malheurs de sa vie, par ses paradoxes enfin ; M. Rousseau a dit : « la souveraineté ne consiste que dans le pouvoir législatif ; elle appartient au corps du peuple ; elle est inaliénable ; le gouvernement, chargé du pouvoir exécutif, n'est qu'une commission que le souverain donne & révoque, à son gré » ; & cette doctrine, qui met toute l'autorité dans les mains du peuple, qui livre les rois à la discrétion de la multitude, qui expose les états à de perpétuelles révolutions, a tellement été recueillie, répandue par nos philosophes modernes, que c'est peut-être une témérité de la combattre.

Je la réfuterai cependant. En matière philosophique, la carrière des discussions est ouverte au dernier des écrivains, comme au premier de tous.

CHAPITRE II.

Qu'est-ce qui constitue la souveraineté.

ON ne peut concevoir la souveraineté sans avoir l'idée d'une puissance suprême, d'une autorité absolue, ou du moins d'un pouvoir qui, loin d'être subordonné à aucun autre, soit supérieur à tous; tel enfin, qu'il est nécessaire pour le maintien & la prospérité du corps social. Or, nous avons vu, & c'est une vérité constante, que le corps social ne peut subsister, ne peut atteindre son but, sans le concours du pouvoir législatif & du pouvoir exécutif. C'est donc leur réunion qui constitue la souveraineté. Que seroit un souverain, ou qui ne pourroit

C 2

pas faire des loix, ou qui ne pourroit pas procurer l'exécution des loix qu'il auroit faites?
Ce feroit une ombre fans réalité. S'il n'a pas
le pouvoir légiſlatif, il reconnoîtra une autorité fupérieure à la fienne, & conféquemment,
il ne fera pas fouverain. S'il ne jouit pas de la
puiſſance exécutive, fes loix pourront être mé-
priſées ; fon autorité deviendra nulle ; il fera
nul lui-même.

Il peut fe faire que le pouvoir légiſlatif foit
dans une main, & le pouvoir exécutif dans une
autre. Mais alors le pouvoir exécutif n'eſt qu'une
émanation de la fouveraineté, un partage de
fes fonctions ; & il n'en eſt pas moins vrai que
la fouveraineté confiſte dans la réunion de tous
les pouvoirs, foit qu'elle les exerce pour elle-
même, foit qu'elle en délègue une partie.

CHAPITRE III.

SUITE.

CEPENDANT, M. Rouffeau, qui vouloit élever un mur d'airain entre les deux pouvoirs, a imaginé un fyftême qui les tint à jamais féparés.

La fouveraineté, dit-il, confifte dans l'exercice de la volonté générale : or, la volonté eft générale dans l'exercice du pouvoir légiflatif, parce qu'elle s'applique à tous ; elle n'eft que particulière dans l'exercice du pouvoir exécutif, parce q'elle a un objet individuel. Ces deux pouvoirs font donc auffi incompatibles entr'eux, que la volonté générale eft incompatible avec la volonté particulière. La fouveraineté confifte donc uniquement dans le pouvoir de faire les loix ; le pouvoir de les faire exécuter, loin d'être un attribut de la fouveraineté, en eft effentiellement diftinct.

Pur fophifme, qui n'étoit pas digne de fon auteur.

C 3

M. *Rousseau* a dit lui-même « qu'on distingue
» dans le corps politique, *la force & la volonté ;*
» celle-ci, sous le nom de *puissance législative,*
» l'autre, sous le nom de *puissance exécutive* (1) ».

Ainsi, quand il fait consister la souveraineté
dans l'*exercice de la volonté générale*, il ne définit
que l'un de ses attributs. Pour en donner une
idée complette, il falloit dire qu'elle consiste
dans l'exercice de la volonté générale & *de la
force publique :* car la force publique ne peut être
que dans la main du souverain, ne peut du
moins émaner que de lui, & ne doit se mouvoir qu'à ses ordres.

Autrement, il faut prouver que la force,
loin d'être un caractère constitutif de la souveraineté, est, au contraire, en opposition avec
le caractère qui la constitue ; il faut faire du
souverain, un être bisarre qui ne peut avoir
que la volonté & point de puissance : je ne
trouve pas cette preuve dans le Contrat Social
de M. Rousseau.

Il dit, il répète souvent que les actes du pouvoir exécutif sont produits par une volonté
dont l'objet n'est pas général ; c'est prouver que
ces actes ne sont pas des loix ; ce n'est pas prou-

_____

(1) Contrat Social, livre 3, chap. premier.

ver encore que la souveraineté ne puisse réunir à la volonté qui détermine, la puissance qui exécute.

Le chapitre suivant donnera plus de développement à cette idée.

CHAPITRE IV.

A qui appartient la souveraineté ?

A l'instant où l'association des individus vient de donner l'existence au corps moral, c'est le corps lui-même qui possède la souveraineté. C'est à lui à juger des moyens les plus propres à procurer le bien commun ; il a donc le pouvoir législatif. C'est à lui encore à rendre efficaces les moyens qu'il a prescrits : il a donc le pouvoir exécutif. Ainsi, tous les pouvoirs se réunissent dans ses mains ; &, par cette raison, il jouit de la souveraineté.

Mais, ces deux pouvoirs, quoique formant, par leur réunion, un être unique, ont cependant des principes divers. Le principe du pouvoir législatif est dans la volonté ; le principe

C 4

du pouvoir exécutif est dans la puissance. La
volonté du corps résulte du vœu général ; la
puissance du corps se tire également des forces
générales. Or, pour être général, il n'est pas
nécessaire que le vœu soit unanime ; c'est assez
qu'il soit celui du plus grand nombre. De même,
les forces du plus grand nombre donnent le produit des forces générales.

C'est donc par la volonté du plus grand
nombre, que le peuple fait la loi ; c'est par les
forces du plus grand nombre qu'il la fait exécuter ; &, en réunissant ainsi la volonté & la
puissance, il est vraiment souverain. Mais ces
réflexions, dont l'evidence est palpable, dé-
montrent de plus en plus, que la souveraineté
se trouve dans la réunion de tous les pouvoirs,
& que, si la puissance législative en est le principal caractère, la plus belle prérogative, la
puissance exécutive en est aussi un attribut.

CHAPITRE V.

La souveraineté peut-elle s'aliéner ?

CETTE question est de la plus grande importance. On ne peut déterminer, sans la résoudre, ni la qualité distinctive des gouvernemens, ni la nature du pouvoir qui appartient aux chefs des nations, ni les droits & les devoirs des peuples ; c'est d'elle enfin, c'est de sa décision que dépendent, peut-être, la stabilité des trônes ou leur chûte, la tranquillité des empires ou leur bouleversement. Selon ce système nouveau, qui rend la souveraineté inaliénable, il n'est point de rois, au monde, qu'on ne doive regarder comme des usurpateurs ; il n'est point d'états, dans l'univers, dont la face ne doive être changée par une révolution sanglante ; au contraire, suivant l'ancienne opinion qui autorise le peuple à transmettre la souveraine autorité, tous, ou presque tous les princes sont revêtus d'un légitime pouvoir ; & si quelques-uns d'entr'eux ont outre-

paffé les bornes qui leur étoient prefcrites, on
n'aura qu'à les y ramener par des réformes
douces & paifibles ; or, il me paroît que la doctrine qui regarde la fouveraineté comme inaliénable, eft contredite par le témoignage de
l'univers ; qu'elle tend d'ailleurs, à la deftruction des fociétés civiles ; qu'elle eft, de plus,
contraire aux droits du corps politique ; enfin,
qu'elle n'a pour fondement aucune raifon légitime.

CHAPITRE VI.

L'opinion qui regarde la fouveraineté comme ina-
liénable, eft contredite par le témoignage de
l'univers.

LOCKE (1) prouve que l'idée de la monarchie dut fe préfenter naturellement à l'efprit
des hommes qui formèrent les premières fociétés. L'hiftoire facrée & profane, les poëtes

(1) Gouvernement civil, feconde partie, chap. 8,
§. 107.

& les orateurs apprennent en effet, que depuis qu'il exiſte des nations, le gouvernement monarchique a été le plus ordinaire, comme il eſt le plus ancien. Ce point de fait eſt ſi conſtant, ſi connu, qu'il ſeroit ſuperflu de l'établir par des citations nombreuſes (1). Le péuple de Dieu même fut gouverné par des rois.

Dira-t-on que dans les différentes monarchies qui ont été connues, le peuple conſervoit la ſouveraineté ou le pouvoir légiſlatif, & ne transféroit au roi que la puiſſance exécutive? ce ſeroit contredire tous les monumens de l'hiſtoire. Il eſt vrai que quelques républiques grecques avoient des juges ou des généraux d'armée, décorés du titre de rois. Mais il eſt également certain que le plus grand nombre des rois qui ont gouverné les nations, exerçoient ſur elles toute l'étendue de la ſouveraineté, c'eſt-à-dire, le pouvoir légiſlatif & le pouvoir exécutif enſemble. Il eſt certain auſſi que la république d'Athènes, celle de Rome & beaucoup d'autres, ont uſé du pouvoir ſouverain ſur des peuples entiers, qui s'étoient

_____

(1) On peut voir, à ce ſujet, Hertius, *elem. prud. civil; première partie, ſect.* 10, §. 5 *; et le profeſſeur* Félice, *leçons du droit des gens; leçon* 2.

donnés à elles ou qu'elles avoient conquis.

Si l'on ne peut nier que la souveraineté monarchique ait été connue, ait été en usage chez tous les peuples & dans tous les temps, on est contraint ou de reconnoître que la souveraineté n'est pas inaliénable, ou de soutenir que tant de rois qui en ont joui, depuis l'existence des sociétés, l'avoient usurpée par la violence. Pour moi, je ne puis croire, sur la foi de quelques sophistes, que l'univers n'ait été gouverné que par des ravisseurs; & il me paroît que le droit des gens, attesté par l'usage universel des peuples policés, a plus de poids en cette matière que les rêveries de nos philosophes modernes.

CHAPITRE VII.

*L'opinion qui regarde la souveraineté comme inalié-
nable, tend à la destruction des sociétés civiles.*

IL faut des loix dans un état : ce sont elles qui
conservent le corps politique : privé de leurs
secours, il resteroit sans mouvement, & bientôt
sans vie. Si donc la souveraineté, & avec elle
le pouvoir législatif, réside essentiellement
dans les mains du peuple, lui seul pourra faire
des loix. Et comment les fera-t-il, sinon dans
une assemblée générale ? Car la volonté du
corps moral ne peut s'exprimer que par le
suffrage de ses membres réunis. Rassemblez
donc tout le peuple françois dans les vastes
plaines de la Champagne, & au milieu de cette
énorme cohue, vous ferez des loix si vous
pouvez.

M. Rousseau avoue, dans l'un de ses écrits,
que *l'assemblée de la nation est impraticable dans un
grand peuple* (1). Qu'il indique donc la ma-

_____

(1) Discours sur l'économie politique.

nière dont un grand peuple pourra exercer cette
fouveraineté qui, felon lui, en eft inféparable.
Faudra-t-il le diffoudre pour former de fes
débris une multitude de petits états confédérés?
C'étoit le plan de l'Auteur que je réfute (1);
& cela feul fuffit pour dévoiler l'abfurdité de
fon fyftême.

Il ne faut point m'objecter ici que le peuple
manifeftera fa volonté par l'organe de fes repréfentans. Si, en effet, la fouveraineté eft inaliénable, elle ne peut pas plus fe tranfmettre à
mille repréfentans qu'à un feul monarque:
Rouffeau étoit conféquent, lorfqu'il a dit: « la
» fouveraineté ne peut être repréfentée, par la
» même raifon qu'elle ne peut être aliénée. Elle
» confifte effentiellement dans la volonté gé-
» nérale, & la volonté ne fe repréfente point:
» elle eft la même ou elle eft autre; il n'y a
» point de milieu. Les députés du peuple ne
» font donc ni ne peuvent être fes repréfen-
» tans; ils ne font que fes commiffaires; ils ne
» peuvent rien conclure définitivement. Toute
» loi que le peuple *en perfonne* n'a pas ratifiée,

_____

(1) Contrat Social, liv. 3, chap. 15.

» eſt nulle : ce n'eſt point une loi (1) ». Le
principe admis , toutes ces conſéquences ſont
évidemment juſtes. Mais auſſi, elles prouvent
la fauſſeté du principe d'où elles dérivent : car
il s'enſuivroit qu'un vaſte empire ne pourroit
jamais avoir des loix.

On ſe tromperoit ſi l'on croyoit remplacer
l'aſſemblée générale du peuple , par les aſſemblées partiaires de pluſieurs cantons. Cette
forme eſt légitime ; elle eſt du moins néceſſaire ,
lorſqu'il s'agit d'élire les magiſtrats ou les députés : leur élection n'eſt pas un acte de la volonté générale du peuple , mais des volontés
particulières de chaque département , ou de
chaque canton. La loi , au contraire , dans le
ſyſtême que je combats , eſt eſſentiellement
l'expreſſion de la volonté générale. Or, la volonté
d'un corps moral eſt une, eſt indiviſible comme
lui-même. Elle ne peut être exprimée que par
le peuple *en perſonne*, ſuivant l'expreſſion de
Rouſſeau ; & le peuple ne ſe trouve *en perſonne*
que dans l'aſſemblée générale de tous les individus : dans les aſſemblées qui ſe forment par
cantons, on ne voit que des membres diſper-
ſés, & non pas le corps de l'état.

(1) Liv. 3, chap. 15. *Ibidem.*

On dira peut-être que ces cantons compoſent l'Etat..... ſans doute lorſqu'ils ſont réunis, mais non pas lorſqu'ils ſont ſéparés. Réunis, ils agiſſent comme une perſonne morale : ſéparés, ils ne peuvent agir que comme parties individuelles. Fut-il jamais de république où le peuple s'aſſembla par cantons, pour faire des loix ?

Si on conſidère les départemens, ou les cantons, par rapport à l'intérêt commun de chacun d'eux, ils forment des corps particuliers dans le grand corps de l'état. Mais l'état ne réſulte que de leur réunion en un ſeul tout, & nullement de leur diviſion en pluſieurs aſſemblées. Ces aſſemblées ne ſont que des aſſociations partielles ; & la volonté de chacune, générale par rapport à chaque département, n'eſt que particulière par rapport à l'état.

Eſt-il concevable, d'ailleurs, que la loi puiſſe être établie dans des milliers d'aſſemblées, qui délibèrent à de grandes diſtances les unes des autres, & qui n'ont entr'elles aucune communication ? Si la loi eſt l'expreſſion de la volonté générale, elle doit donc être uniforme ; elle doit être la même dans tout l'état elle doit être *une*, comme la volonté qui la produit : & l'on voudroit que des aſſemblées

éparſes,

éparfes, ifolées, en très-grand nombre, trai-
taffent néanmoins les mêmes matières, propo-
faffent les mêmes loix, formaffent les mêmes
délibérations, fiffent les mêmes règlemens ! Il
faudroit du moins qu'elles euffent un moteur
unique ; & quel fera ce moteur ? Qu'un ordre
commun leur prefcrivît le fujet de leurs délibérations ; & qui intimera cet ordre ? Qu'une
autorité étrangère fît le recenfement de leurs
fuffrages innombrables ; & où trouver cette
autorité ? Encore n'auroit-on, par ce moyen
impraticable, que les volontés particulières
de plufieurs membres, & non pas la volonté
générale du corps.

Je conclus que fi la fouveraineté eft inalièna-
ble, les vaftes empires ne peuvent point avoir
de légiflation, ni conféquemment d'exiftence.

D

CHAPITRE VIII.

L'opinion qui regarde la souveraineté comme inalié-
nable, est contraire aux droits du corps social.

A L'INSTANT où le corps social vient de recevoir l'existence, c'est à lui que la souveraineté appartient; il peut donc en disposer & la
transmettre.

En effet, une exacte proportion se trouve
entre l'indépendance naturelle des individus,
& l'indépendance politique des peuples. . Or ,
les individus renoncent à leur indépendance
naturelle, lorsqu'ils se mettent en société : ils
ont le droit d'y renoncer, parce qu'elle est à
eux : ils se déterminent à y renoncer, par la
perspective d'un plus grand bien. Pourquoi
donc les peuples ne pourroient-ils pas abdiquer
de même leur indépendance politique, en éta-
blissant un souverain au-dessus d'eux ? Celle-ci
n'est-elle pas la propriété du corps, comme
l'autre étoit la propriété des individus ? Ce
sacrifice ne peut-il pas lui donner aussi l'espoir
d'un plus grand avantage ?

J'avoue que les individus qui, par leur réunion, formèrent la société civile, ne se dépouillèrent pas, sans réserve, de la liberté de leurs personnes & de la propriété de leurs biens : seulement ils en abandonnèrent une partie, pour mieux assurer la jouissance du reste. Si donc le contrat social donne des droits au corps politique sur la personne & sur les biens de ses membres, l'intérêt commun en est le motif & la fin ; l'intérêt commun doit en régler l'exercice : principe lumineux & fécond, qui doit toujours être présent à la pensée.

Il s'ensuit de-là que la souveraineté ne doit pas se comparer aux propriétés vulgaires ; que l'aliénation qui en est faite, ne peut pas transférer au souverain qui la reçoit, le droit indéfini d'en user à son gré, de la faire servir à son utilité personnelle, de la regarder comme son patrimoine & de traiter ses sujets comme son bien. Une telle disposition changeroit la nature du contrat social, opprimeroit les individus qui l'ont stipulé, passeroit les pouvoirs du corps politique : elle seroit nulle.

Mais, si le corps politique, en aliénant la souveraineté, n'a en vue que le salut de l'état, cette disposition est conforme au contrat so-

cial ; elle eſt légitime. Il eſt à craindre, par
exemple , que l'intérêt particulier n'étouffe
bientôt l'intérêt public ; que les paſſions des
individus ne corrompent l'eſprit du corps ; que
la multitude, trompée par ſon ignorance, ou
ſéduite par ſes orateurs, ne choiſiſſe ce qui eſt
mal , faute de connoître ce qui eſt bien ; que
les citoyens devenant trop nombreux ne puiſ-
ſent plus s'aſſembler ſans tumulte, & travailler
avec ſageſſe à leur légiſlation. Il eſt à craindre
que l'état ne devienne la proie d'un ennemi
puiſſant , s'il ne choiſit pour ſouverain ou un
peuple, ou un roi capable de le défendre : mille
cauſes, enfin, peuvent exiger que, pour le
bien de tous, l'état ſoit confié à la direction,
ſoumis à l'autorité ou d'un ſénat ou d'un monarque. Alors, ſans doute, le meilleur uſage
que le corps politique puiſſe faire de ſa ſouveraineté, c'eſt de la tranſmettre, en fixant à
l'autorité du nouveau ſouverain les mêmes limites que le contrat ſocial preſcrivoit à la
ſienne propre.

Ecoutons M. Rouſſeau : « les chefs ſavent aſſez ,
» dit-il (1) , que la volonté générale eſt tou-

_____

(1) Discours ſur l'économie politique.

» jours pour le parti le plus favorable à l'in-
» térêt public, c'eſt-à-dire, le plus équitable;
» de ſorte qu'il ne faut qu'être juſte, pour
» s'aſſurer de ſuivre la volonté générale ». Ou
ce partage ne ſignifie rien, ou il ſuppoſe des
chefs revêtus du pouvoir légiſlatif, & conſé-
quemment l'aliénation de la ſouveraineté; &
certes, *s'il ne faut qu'être juſte pour s'aſſurer de
ſuivre la volonté générale*, elle ſera mieux exprimée par un prince entouré de conſeils
éclairés & ſages, que par une multitude igno-
rante & paſſionnée.

CHAPITRE IX.

*L'opinion qui regarde la ſouveraineté comme inalié-
nable, n'a pour fondement aucune raiſon ſolide.*

LA ſouveraineté, dit-on, conſiſte *dans l'exercice de la volonté générale*, qui ne peut être ni
repréſentée ni tranſmiſe.

Ce n'eſt là qu'une équivoque. Tant que le
peuple conſerve la ſouveraineté, elle s'exerce
effectivement par un acte de la volonté géné-

rale. Mais lorfqu'il détermine, par l'exercice de cette même volonté générale, qu'il eſt plus avantageux pour lui d'aliéner la fouveraineté, elle change de nature, finon en elle-même, du moins par rapport à fon exercice. Alors, ce qui fait la loi, c'eſt la volonté de celui que le peuple a chargé de la faire. Alors cette volonté paſſe, avec raiſon, pour la volonté générale, puiſque c'eſt la volonté générale qui lui a donné fa force & fon effet. Le légiſlateur, enfin, eſt le repréfentant choiſi par la nation, l'organe que la volonté générale s'eſt donné; *& pour s'aſſurer de la fuivre, il n'a qu'à être juſte.*

On ajoute (1) que l'autorité fouveraine doit eſſentiellement réſider dans une volonté qui ait une tendance perpétuelle au bien de tous; que ce caractère incompatible avec une volonté particulière ne peut fe trouver que dans la volonté générale; qu'elle feule étant toujours droite, peut feule conduire les citoyens au but de leur aſſociation; qu'ainſi l'aliénation de la fouveraineté ne peut fe concilier avec la fûreté des individus & le bonheur du peuple.

_____

(1) Élémens du droit public françois, par demandes et par réponſes, chap. premier.

Ces principes, tirés du contrat social, con-
duiroient beaucoup trop loin : car il en faudroit conclure que le pouvoir exécutif lui-
même ne peut être aliéné. Ce n'est pas, en
effet, la volonté du législateur qui est à craindre, c'est sa force. Des loix injustes annonce-
ront qu'il forme le projet d'opprimer la liberté
publique : mais que feront ses projets, s'il n'a
pas la puissance de les remplir ? Et s'il abuse,
au contraire, pour violer les loix, des forces
qui lui ont été confiées pour les faire exécuter,
qu'importe que ces loix aient été dictées par la
nation ou par lui-même ? Si donc l'on prouve
que la souveraineté est inaliénable, parce qu'une
volonté particulière n'ayant point de liaison
essentielle avec l'intérêt commun, la sûreté
des citoyens seroit incertaine, & conséquemment nulle sous sa direction, j'inférerai de-là
que le pouvoir exécutif étant seul capable d'as-
servir les individus & de ruiner le corps politique, il doit résider dans les mains du peuple,
plus essentiellement encore que le pouvoir législatif : système monstrueux qui ne feroit grace
qu'au seul gouvernement populaire & que nulle
politique encore n'a osé mettre au jour.

Mais, examinons le principe en lui-même.
La volonté générale est toujours droite, dis

D 4

tes-vous , parce qu'elle tend toujours à l'utilité
publique. Je réponds avec M. *Rouſſeau* (1) , qu'*il
ne s'enſuit pas que les délibérations du peuple aient
toujours la même rectitude ; qu'on veut toujours ſon
bien , mais qu'on ne le voit pas toujours ; que jamais on ne corrompt le peuple , mais que ſouvent on
le trompe.*

La volonté d'un individu eſt toujours droite
auſſi ; car toujours il veut ſon bien : & ſans
ceſſe cependant il fait ſon mal. Pourquoi ? c'eſt
que ſans ceſſe ſes paſſions égarent ſa volonté.

Or, dites-moi ſi le même danger n'eſt pas à
craindre pour le peuple réuni ? Dites-moi ſi
l'ignorance, les brigues, la corruption, l'intérêt privé, les paſſions de tout genre ne peuvent pas ſéduire le plus grand nombre, ſubſti-
tuer ainſi des volontés particulières à la volonté
générale, & produire une délibération contraire au bien commun ?

J'avouerai donc qu'un particulier , dépoſitaire de la ſouveraineté, pourroit, en s'écar-
tant du but de ſon inſtitution, nuire au corps
politique. Mais il faut avouer auſſi que le corps
politique eſt expoſé aux mêmes inconvéniens,

_____

(1) Contrat Social, liv. 2 chap. 3.

lorfqu'il eſt lui-même l'artiſan de ſes loix. Le raiſonnement que l'on emploie pour établir que la ſouveraineté eſt inaliénable, je m'en prévaus à mon tour, pour ſoutenir qu'elle peut être aliénée ; & la queſtion ſe réduit à ſavoir s'il eſt plus avantageux pour le peuple, de la conſerver ou de la tranſmettre : or, c'eſt à lui ſeul qu'appartient le droit de réſoudre cette queſtion ; & quand il aliène le pouvoir ſouverain, convaincu que cette aliénation ſera utile à l'état, il fait un acte légitime & ſage.

Je terminerai ce chapitre, comme le chapitre précédent, par un paſſage de M. *Rouſſeau*. « Il » n'eſt pas ſûr, dit-il, que la déciſion du peu- » ple aſſemblé fut toujours l'expreſſion de la » volonté générale (1) ». Si l'on n'eſt pas toujours ſûr de trouver la volonté générale dans la déciſion du peuple aſſemblé, à quel ſigne pourra-t-elle donc ſe reconnoître ? Et s'il n'eſt point de caractère certain qui la manifeſte ſans équivoque dans les aſſemblées du peuple, la déciſion du peuple aſſemblé ne peut donc pas être infailliblement regardée comme une loi. Il faut donc, ou que le peuple n'ait que des loix in-

_____

(1) Diſcours ſur l'économie politique.

certaines, ou qu'il aliène le pouvoir légiſlatif. Comme l'on ſe précipite dans le chaos des contradictions, lorſqu'on abandonne les principes pour courir après des ſyſtêmes !

CHAPITRE X.

Syſtême de M. Rouſſeau ſur le gouvernement.

LA doctrine de M. *Rouſſeau*, ſur la nature du gouvernement, eſt une ſuite de ſes principes ſur la nature de la ſouveraineté : comme, ſuivant lui, c'eſt le pouvoir légiſlatif qui conſtitue la ſouveraineté ; de même, à l'entendre, c'eſt le pouvoir exécutif qui conſtitue le gouvernement. M. *Rouſſeau* donne donc le titre de gouvernement à l'exercice légitime de la puiſſance exécutive, & le titre de *prince* ou de *magiſtrat* à l'homme ou au corps chargé de cette adminiſtration.

Mais, comme la puiſſance exécutive eſt eſſentiellement ſéparée de la puiſſance légiſlative, il s'enſuit, dit-il, que le gouvernement ne peut jamais être réuni à la ſouveraineté. Il eſt un corps intermédiaire établi entre le ſouverain &

l'état ; c'eſt-à-dire, entre le peuple faiſant la loi,
& le peuple recevant la loi. Il eſt une ſimple
commiſſion que le ſouverain ne peut jamais
remplir par lui-même, mais qu'il donne à qui
il veut, qu'il reprend quand il lui plaît ; &
s'il arrive que le peuple la retienne dans ſes
mains, ce n'eſt plus comme ſouverain qu'il
l'exerce ; c'eſt en qualité de magiſtrat.

Par une conſéquence des mêmes principes,
M. *Rouſſeau* fait réſulter la diverſité des gouvernemens des diverſes manières dont les fonctions
du pouvoir exécutif ſont remplies. La commiſſion de l'exercer eſt confiée par le ſouverain ou
aux corps du peuple, ou à une compagnie, ou
à une ſeule perſonne : c'eſt une démocratie dans
le premier cas, une ariſtocratie dans le ſecond,
une monarchie dans le troiſième.

Dans ce ſyſtême preſque inconcevable, à
force d'être métaphyſique, je vois pour fondement des principes faux. Il ſuppoſe que les
deux pouvoirs ne peuvent jamais ſe rencontrer
dans les mêmes mains ; il ſuppoſe de plus que
la ſouveraineté, réduite au ſeul pouvoir législatif, eſt imprimée ſur la tête du peuple comme
un caractère ineffaçable : autant d'erreurs que
les faſtes de l'univers contrediſent & que j'ai
ſuffiſamment réfutées.

J'y vois fur-tout des inconvéniens funeftes &
inévitables. Il fait de la fouveraineté & du
gouvernement deux puiffances rivales, qui, fi
elles ne font pas douées l'une & l'autre d'une
fageffe au-deffus de l'humanité, feront continuellement en guerre, & déchireront l'état.
La fouveraineté a toute la volonté pour elle :
le gouvernement toute la force pour lui. Qu'arrivera-t-il donc fi l'une refufe de faire ufage de
fa volonté ? Qu'arrivera-t-il encore fi l'autre
ne veut pas fe fervir de fa puiffance ? Ou il n'y
aura point de loix, ou les loix n'auront point
d'exécution. Il faudra donc que l'on force la
fouveraineté à faire des loix : mais la fouveraineté ne peut pas être contrainte, puifqu'elle
eft la fouveraineté. Il faudra du moins que l'on
force le gouvernement à faire exécuter les
loix : mais le gouvernement ne peut pas être
contraint, puifque c'eft lui qui poffède toute la
force.

Et fi le pouvoir légiflatif rend une ordon-
nance pour s'attribuer le gouvernement, ou fi
le gouvernement vient, les armes à la main,
s'emparer du pouvoir légiflatif, fans doute on
contiendra l'un par la force, & l'autre par le
droit. Ainfi l'on mettra le droit & la force dans
une continuelle oppofition. Il eft impoffible,

qu'avec de tels principes, un état soit bien gouverné, ou plutôt ne soit pas détruit.

CHAPITRE XI.

Ce que c'est que le gouvernement.

IL faut donc chercher ailleurs, d'abord le principe conſtitutif du gouvernement, enſuite le principe conſtitutif de ſes diverſes formes. Je trouve le premier dans l'exercice de la ſouveraineté, & le ſecond dans la manière dont la ſouveraineté s'exerce.

La ſouveraineté réunit la volonté & la puiſſance du corps moral : la volonté, pour faire les loix ; la puiſſance, pour les faire exécuter : or, le gouvernement conſiſte dans les actes de la puiſſance & de la volonté ; c'eſt-à-dire, que la ſouveraineté & le gouvernement ne ſont pas deux êtres diſtincts, mais le même être diverſement modifié. La faculté d'exercer les deux pouvoirs, forme la ſouveraineté ; leur exercice conſtitue le gouvernement. C'eſt parce qu'on peut faire des loix, & qu'on peut les faire exécuter, qu'on eſt ſouverain : c'eſt en faiſant des loix, c'eſt en les faiſant exécuter, qu'on gouverne. Le gouvernement est donc à la souveraineté, comme l'action à la faculté d'agir.

De-là les différentes formes des gouvernemens dérivent des différentes manières dont la souveraineté s'exerce. Le gouvernement est démocratique, lorsque la souveraineté appartient au peuple ; aristocratique, lorsqu'elle est possédée par un corps, une assemblée, un sénat ; monarchique, enfin, lorsqu'elle se trouve au pouvoir d'une seule personne. La souveraineté, en effet, est exercée, dans le premier cas, par le peuple, ou en son nom ; dans le second, par le sénat, ou par ses ministres ; dans le troisième, par le roi, ou par ses lieutenans (1).

On peut juger par-là qu'il y a peu d'exactitude à prendre la démocratie & l'aristocratie pour des espèces, dont la république est le genre : ces deux formes de gouvernement sont si contraires, qu'il est impossible de les ramener à un principe commun. Mais sur-tout un grand homme s'est trompé (2), lorsqu'il a compris le

_____

(1) Montesquieu, Esprit des loix.

(2) Dans l'Encyclopédie, on a défini le gouvernement, *la manière dont la souveraineté s'exerce.* Cette définition contredit le système de M. Rous-

despotisme dans la classe des gouvernemens.
Quand on divise le gouvernement en différentes
espèces, on doit supposer qu'elles sont toutes
légitimes; & le despotisme ne l'est pas : qu'elles
ont chacune leur principe caractéristique, leurs
loix propres; & le despotisme ne reconnoît ni
loi ni principe. Loin d'apprendre au despote
l'art de maintenir sa tyrannique autorité, il
valoit mieux enseigner à ses esclaves l'art de la
détruire.

CHAPITRE XII.

Des gouvernemens simples & mixtes.

LE gouvernement est *simple* lorsque le pouvoir
reste tout entier entre les mains du peuple, ou
qu'il appartient sans partage soit à une seule
compagnie ou à une seule personne. Il est *mixte*
lorsque l'on découvre dans la constitution de

seau; mais il me semble qu'elle confond le principe
distinctif des différentes formes de gouvernement
avec le principe qui constitue.

l'état un mélange des formes simples, & que
l'exercice du pouvoir a été divisé lors de la
fondation primitive, ou par des changemens
survenus depuis.

On distingue deux espèces de gouvernemens
mixtes, qui l'une & l'autre peuvent varier à
l'infini.

La première a lieu lorsque plusieurs exercent
séparément, & sans aucune dépendance, les
divers attributs de la souveraineté ; tels sont
les états gouvernés par plusieurs chefs, dont
l'un a le pouvoir de déclarer la guerre ; un
autre, le pouvoir d'établir les impôts ; un
troisième, le pouvoir de faire les loix civiles ;
ainsi du reste. Cette forme d'administration est
heureusement très-rare ; car il n'en est point
de plus vicieuse (1).

La seconde se fait remarquer dans les états
où plusieurs jouissent de la souveraineté *par
indivis*, en sorte qu'ils soient dans une mutuelle
dépendance ; que leurs actes ne puissent se con-
sommer que par un commun accord ; qu'il

_____

(1) On en trouve un exemple dans la Numidie,
après le partage que fit Scipion entre les trois fils
de Massinissa.

saille,

failli enfin la réunion de leurs volontés,
pour produire la loi. Telle étoit Rome, lorfque
Romulus & Tatius régnoient enfemble; ou
qu'Augufte, Marc-Antoine & Lépide fe furent
emparés de l'autorité; ou que les empereurs fe
donnoient des collègues affociés à l'empire.
Telle eft de nos jours l'Angleterre; elle tient de
la démocratie par les élections; de l'ariftocratie,
par les deux chambres; de la monarchie, par la
fanction *libre* du roi. En un mot, il n'eft rien
de plus commun que les gouvernemens *mixtes*.

Cette qualification déplaît à *Puffendorf*, &
les gouvernemens que l'on appelle mixtes, il
les nomme *irréguliers*, parce qu'à fon jugement,
leur forme eft vicieufe.

Il a raifon, s'il parle d'un gouvernement où
les pouvoirs, loin d'être diftribués avec méthode, étant mêlangés fans ordre & fans règle,
s'embarraffent dans leurs mouvemens, fe cho-
quent dans leur direction, & tournent ainfi au
profit de l'anarchie.

Mais, fi telle eft leur combinaifon, qu'ils
oppofent une digue aux entreprifes de l'autorité; qu'ils foient comme autant de gardes qui
veillent fur la liberté publique; qu'ils remé-
dient aux inconvéniens des gouvernemens fimples, fans en perdre les avantages, cette forme

E

eſt aſſurément la plus ſaine , la plus régulièré que des hommes aient pu concevoir. Tous les ſages ont donné des éloges au gouvernement anglois : il en mériteroit encore davantage, s'il avoit établi une repréſentation plus exacte, & mieux aſſuré la liberté des élections.

CHAPITRE XIII.

Quel eſt, en thèſe générale, le meilleur gouverñ nement ?

Tous les ouvrages des hommes portent l'empreinte de l'infirmité humaine : le gouvernement le plus parfait n'eſt donc pas celui qui n'a point de vices, mais celui qui en a le moins.

Tout gouvernement doit avoir pour but de prévenir le deſpotiſme, d'une part ; & de l'autre, l'anarchie, bien plus dangereuſe : or, il ſera difficile d'éviter ces deux écueils, en laiſſant au peuple le ſoin de gouverner. Que dans une république reſtreinte aux murs d'une étroita cité, & dont tous les habitans ſeroient égaux, inſtruits & ſages, la démocratie puiſſe avolt

quelques fuccès, je n'en difconviendrai pas ;
mais fi vous prétendez l'établir dans un vafte
empire, trouvez donc le fecret de donner à
tous les citoyens le temps d'adminiftrer les affaires publiques, outre leurs propres affaires ;
d'écarter de leurs affemblées l'intrigue & la
cabale, l'erreur & la corruption (1) ; de verfer
dans l'ame de chacun d'eux cette multitude de
connoiffances & de vertus que l'art du gouvernement exige ; d'infpirer l'amour de la patrie
à des cœurs dominés par l'intérêt perfonnel ;
de concilier l'égalité avec les diftinctions que
la naiffance, la fortune & les talens produi-
ront toujours, malgré les loix ; d'établir la
frugalité chez un peuple qui eft partagé entre
l'opulence d'une part & la mifère de l'autre ;
à qui le luxe eft néceffaire, & que le luxe corrompt ; d'éparpiller, pour ainfi dire, la ma-
chine du gouvernement, fans en rompre l'u-
nité, fans en détruire les refforts, fans produire l'anarchie ; trouvez le fecret de rendre

---

(1) Le cardinal de Retz, excellent juge en cette
matière, a dit, dans fes mémoires, *que toute affemblée nombreuse, de quelque manière qu'elle foit composée, n'est que pure populace, gouvernée dans fes
débats, par les moindres motifs.*

E 2

les maîtres ceux qui n'ont rien, sans qu'ils portent de continuelles atteintes à la classe des propriétaires ; de déposer l'autorité entre des mains trop foibles pour en supporter le fardeau, sans qu'elle tombe & se brise ; d'élever aux places, des hommes nouveaux, sans qu'ils en abusent pour flatter leur orgueil, ou satisfaire leurs animosités, sans qu'ils deviennent les serviteurs de la populace qui les protège, & les tyrans des honnêtes gens dont la présence est pour eux un reproche ; trouvez le secret de soustraire aux emportemens, aux fureurs de la multitude, les Miltiade, les Aristide, les Thémistocle, les Périclès, les Socrate ; .... en un mot, dépeuplez le ciel pour peupler la terre, & vous pourrez alors former une démocratie.

Quant à l'aristocratie, elle oppose au bien public de grands ennemis : savoir, l'intérêt privé de chaque membre du sénat, l'esprit de corps plus dangereux encore que l'intérêt personnel, le désordre enfin qui règne dans une assemblée où les passions naissent de l'amourpropre, & s'échauffent par le choc des opinions. Elle expose les citoyens à lutter perpétuellement contre le despotisme & du corps entier & de chacun de ses membres. Elle expose la raison publique à devenir le jouet des

paſſions, ou de l'éloquence de quelques ſéna-
teurs mal intentionnés.

La monarchie, à ſon tour, préſente d'autres
dangers. Il eſt à craindre que, dans cette forme
de gouvernement, l'autorité ne marche à pas
lents, mais ſoutenus, vers le pouvoir arbitraire; que les miniſtres n'oppoſent l'intérêt mal
entendu de leur maître au véritable intérêt du
peuple; que les courtiſans ne ſe faſſent une
étude de corrompre les inclinations du monarque, lorſqu'elles ſont ſages, & de les fomen-
ter, lorſqu'elles ſont vicieuſes; que les favoris
ne diſpoſent des emplois, ne s'emparent de
toutes les graces; n'épuiſent le tréſor public;
que les loix, quoique faites pour tous, ne ſe
taiſent en préſence de l'homme puiſſant, pour
ſe dédommager de cette contrainte, en acca-
blant l'homme foible.

Dans l'ariſtocratie toutefois, & dans la monarchie, le pouvoir peut être dirigé & con-
tenu par les loix fondamentales, dont je parlerai ailleurs (1). Qu'on élève autour d'elles
des barrières difficiles à franchir; que l'on faſſe
régner la juſtice & la modération dans le ſénat

_____

(1) Liv. 4.

E 3

que l'impunité ne soit pas l'apanage des ministres ; que la distribution des graces & l'administration des finances suivent des règles inva-
riables ; alors l'un & l'autre gouvernement seront également propres à procurer le bonheur
& la prospérité de la nation.

Dès que les choses sont égales entr'eux du
côté de la règle , la préférence est due au gouvernement monarchique. Il a plus de nerf ,
plus d'ensemble, plus d'activité. Le sénat n'est
pas toujours assemblé : le monarque est toujours
présent. Pendant que le sénat délibère , le monarque agit. La corruption trouve mille ave-
nues pour se glisser dans l'assemblée des séna-
teurs ; elle en a beaucoup moins pour pénétrer
dans le conseil du prince.

Sans doute, le gouvernement d'un seul est
sujet à des abus : mais , le gouvernement de
plusieurs en est-il exempt ? Néron & Caligula
étoient des monstres ; mais n'a-t-on pas vu des
monstres aussi parmi les Ephores de Sparte ,
parmi les Décemvirs de Rome, parmi les Suffètes
de Carthage ? Le joug du despotisme pèse quelquefois sur les états monarchiques : mais dans
les états aristocratiques ou populaires , le despotisme des corps, la tyrannie de la multitude,
l'anarchie , enfin , ne font-elles pas un plus

grand nombre de victimes ? On ne peut jamais compter fur la fageffe du peuple ; il eft difficile que tous les membres d'un fénat foient dignes de leurs auguftes fonctions. Mais le ciel ne donne pas toujours des rois dans fa colère ; & les plaies que l'état a reçues fous de mauvais règnes , la main d'un bon roi les a bientôt guéries. Depuis 1614, une ample carrière s'étoit ouverte en France, au pouvoir arbitraire ; que n'a pas fait Louis XVI pour la fermer ?

En un mot, les plus célèbres publiciftes ont donné la préférence au gouvernement monarchique. Les nations l'ont prefque généralement adopté. Homere, Platon, Ariftote, Tite-Live , Tacite en font le plus grand éloge. Il eft conftant, du moins, par l'expérience de tous les fiècles, qu'un grand peuple ne peut être bien gouverné que par un roi; & fes inftitutions politiques doivent tendre uniquement à fe prémunir contre l'abus de l'autorité, en tempérant la monarchie par un mélange tiré des autres formes.

E 4

CHAPITRE XIV.

Quel est le meilleur gouvernement pour un peuple déterminé?

S'IL s'agit d'un peuple nouveau, qui, après avoir été jusqu'alors membre d'un autre état, s'en détache pour former un état libre & indépendant (1), la question est impossible à résoudre. Il faut consulter son génie, ses mœurs, son étendue, sa position locale, ses richesses foncieres ou d'industrie, ses relations au-dedans & au-dehors. Le gouvernement simple ou mixte, qui s'alliera le mieux avec ces différens rapports, sera le meilleur pour lui. Que ses législateurs réfléchissent, & lui donnent une constitution qui le garantisse à la fois de la licence & de la tyrannie.

Mais ils doivent sur-tout se préserver d'une imitation aveugle & servile. Tel gouvernement

_____

(1) Telles furent autrefois la Suisse et la Hollande. Telle a été, de nos jours, l'Amérique.

eſt excellent pour une nation, qui ſeroit déteſ-
table pour une autre. Ici, un gouvernement
ſimple peut convenir ; un gouvernement mixte
ſera plus propre ailleurs. Tantôt il faut diviſer
le pouvoir ; & la loi, placée entre ſes différentes parties, ſuffira pour en prévenir la confuſion : tantôt le pouvoir doit être réuni ; & une
force de réſiſtance lui ſervir de contrepoids. Si
le gouvernement d'Angleterre eſt un chef-d'œuvre, c'eſt parce que les Anglois ont pour la loi
un reſpect peut-être ſans exemple. Tranſpor-
tez-le chez un peuple qui ſe ſoit fait une habitude de mépriſer les loix, de n'accorder ſon
eſtime qu'aux dignités, de prendre l'ambition
pour la vertu, l'éclat extérieur pour le mérite,
l'autorité pour l'honneur : alors, les jurés &
les tribunaux deviendront un objet de riſée ; la
confuſion régnera dans l'exercice des différens
pouvoirs ; les deux chambres & le trône ſeront
tels que des torrens luttans contre leurs digues.

Demande-t-on, au contraire, quel eſt le
gouvernement le plus convenable à une nation
dont l'exiſtence eſt ancienne ? Je répondrai en
tranſcrivant ce paſſage du bon Montagne :
« non par opinion, mais en vérité, l'excellente
» & meilleure police eſt à une chacune nation,
» celle ſous laquelle elle s'eſt maintenue. Sa

» forme & commodité essentielle dépend de
» l'usage. Nous nous déplaisons volontiers de
» la condition présente : mais je tiens pourtant
» que d'aller desirant le commandement de peu
» en état populaire, ou en la monarchie une
» autre espèce de gouvernement, c'est vice &
» folie (1) ».

Je sais qu'il n'est rien de si pur que le temps
ne corrompe : je sais que la constitution des
empires se dégrade en vieillissant, & qu'il faut,
lorsque des abus l'ont défigurée, la rétablir
dans son premier éclat, par des réformes salu-
taires. Mais changer le gouvernement, ce n'est
pas le réformer ; c'est faire une révolution : or,
pour faire une révolution avantageuse, il faudroit, avant tout, changer les mœurs, le génie, les usages du peuple ; il faudroit que les
hommes pussent être façonnés par les décrets
des législateurs, comme, sous le ciseau de l'ar-
tiste, un bloc de marbre peut recevoir mille
formes arbitraires ; il faudroit un génie vaste &
profond qui embrasât d'un coup-d'œil tous les
rapports de l'ancien & du nouveau régime ;
qui maitrisât, à son gré, le temps, les personn-
nes & les choses ; qui lût enfin dans le livre de

_____

(1) Essais de Montagne, liv. 3, chap. 9.

l'avenir les infaillibles fuccès des bouleverfemens qu'il fe propofe.

Quel homme fage peut donc entreprendre,
fans frémir, le grand œuvre d'une révolution,
ou envifager, fans horreur, les maux qu'elle
entraîne ? Lifez l'hiftoire des nations, à l'époque où elles fe foulevèrent contre l'ancien gouvernement : jettez les yeux fur l'état actuel de
la France, vous verrez la difcorde fecouant fes
flambeaux, la haine envenimant les cœurs,
l'inquifition répandant l'effroi ; vous verrez le
frein des loix rompu, le glaive arraché des
mains de la juftice, l'ordre focial remplacé par
la fureur populaire ; vous verrez les poffeffions
dévaftées, les fortunes détruites, les citoyens
égorgés ou fugitifs...... Les révolutions commencent par dévorer la génération préfente ;
& les biens qu'elles promettent aux générations
futures ne font qu'une efpérance fouvent trom-
peufe, toujours éloignée.

Tous ces maux qui m'épouvantent, font
la faute, dira-t-on, non pas des hommes, mais
des chofes. Une révolution ne peut fe faire fans
cela.... Eh bien, il n'en faut donc point faire.
Autrement, c'eft à leurs auteurs que l'on im-
putera les maux qui en font la fuite. Novateurs
audacieux, qui renverfez les empires pour cher-

cher le bonheur à travers leurs ruines, écoutez ce philosophe à qui vous dreffez des autels, mais dont vous n'adorez que les erreurs.

On lit dans le Contrat Social, *qu'il faut fouf-frir un mauvais gouvernement, quand on l'a ; ... que les changemens qu'on y fait font toujours dan-gereux*.

On lit dans le jugement fur la paix univer-felle, *qu'une révolution fait plus de mal tout d'un coup, qu'elle n'en peut prévenir pour des fiècles*.

Les Lettres de la Montagne, le Jugement fur la polyfinodie, les Confidérations fur le gou-vernement de Pologne, tous les ouvrages pra-tiques de *Roufeau* font pleins des mêmes con-feils. Il ne veut pas que l'on aboliffe les vieilles coutumes, que l'on change les vieilles maximes, que l'on donne une autre forme à un antique gouvernement. Craignant tout ce qui fait trop de mouvemens dans l'Etat, tout ce qui approche du tumulte démocratique, il recommande aux réformateurs des nations de n'amener les chan-gemens que par degrés; de ne toucher même aux abus qu'avec une circonfpection extrême ; d'avoir toujours devant les yeux cette impor-tante maxime, *qu'il ne faut rien changer fans néceffité*.

« En ce moment, dit-il, on eft plus frappé » des abus que des avantages; le temps viendra,

» je le crains, qu'on fentira mieux ces avan-
» tages, & malheureufement ce fera quand en
» les aura perdus (1) ». Il va jufqu'à affurer
» que les peuples, une fois accoutumés à des
» maîtres, ne font plus en état de s'en paffer.
» S'ils tentent de fecouer le joug, ils s'éloignent
» d'autant plus de la liberté, que, prenant
» pour elle une licence effrénée qui lui eft op-
» pofée, leurs révolutions les livrent prefque
» toujours à des féducteurs qui ne font qu'ag-
» graver leurs chaînes (2) ».

Tels font les principes que Rouffeau a dé-
veloppés, toutes les fois qu'il a enfeigné l'art
de gouverner les peuples. Ce philofophe fi
fier, ce républicain fi jaloux de la liberté, a
peint, fous les couleurs les plus vives, le danger des révolutions. Par-tout il s'eft élevé contre les changemens vifs & brufques avec une
éloquence qui ravit, avec une force qui entraîne. Pourquoi faut-il que les vices de fa
théorie aient deffſéché, fur leurs tiges, les fruits
que l'on devoit efpérer des règles falutaires
qu'il prefcrit pour la pratique?

_____

(1) Gouvernement de Pologne.

(2) Dédicace du difcours fur l'origine et les fondemens de l'inégalité parmi les hommes.

Fin du fecond livre.

ÉLÉMENS

DU

DROIT POLITIQUE.

LIVRE III.

CHAPITRE PREMIER.

SUJET DE CE LIVRE.

APRÈS avoir établi que la souveraineté peut
être aliénée, il faut indiquer les différentes
manières dont elle peut s'acquérir, puis se tranfmettre d'une personne à une autre.

F.

CHAPITRE II.

Comment s'acquiert la souveraineté.

LE peuple existe avant d'avoir un sénat ou un roi ; il est donc lui-même son propre souverain, avant de passer sous une domination étrangère ; or, cette souveraineté, qui est son bien, nulle puissance humaine n'a le droit de la lui ravir. Il faut donc ou qu'il la conserve, ou qu'il la donne.

Ainsi, la souveraineté ne peut sortir des mains du peuple, que par un acte de la volonté générale. C'est une règle sans exception ; c'est un axiome en droit politique. Tous les moyens d'acquérir la souveraineté que nos auteurs détaillent, ou reviennent à celui-là, ou ne sont pas légitimes. Qu'une nation qui, jusqu'alors, s'est gouvernée par ses propres loix, veuille enfin avoir un chef ; que le propriétaire d'une contrée inculte & indépendante y appelle des colons, à condition qu'ils vivront sous son empire ; que la voie de l'élection, ou celle de l'hérédité remplace un monarque par un autre ;

toujours l'autorité qui domine fur le peuple a le confentement du peuple pour caufe & pour fondement.

Il eft dit dans l'Ecriture, que *toute puiffance vient de Dieu.* Mais ce texte ne fignifie pas que Dieu dépouille la nation de fon droit de fouveraineté, pour en difpofer lui-même , & qu'il établit les rois, qu'il les choifit à fon gré. Il créa l'homme pour la fociété, & la fociété ne peut fe foutenir fans des chefs qui la gouvernent. Or , en laif-fant à la nation la liberté de choifir fon gou-vernement & fes chefs, Dieu ratifie , en quel-que forte, le choix qu'elle a fait, & commu-nique une partie de fa puiffance aux chefs qu'elle s'eft donnés. Comment, en effet, les hommes , qui font dans la dépendance abfolue de l'être qui les a créés , pourroient-ils , fans fon intervention, tranfmettre à des tiers une autorité qu'ils n'ont pas eux-mêmes ? C'eft en ce fens que *toute autorité vient de Dieu , & que celui qui réfifte aux puiffances, réfifte à l'ordre établi par Dieu.* Noble & fublime vérité, qui devroit faire le bonheur du genre humain ! Elle en-gage les rois à être juftes & bons comme la Divinité dont ils font l'image; elle engage les peuples à refpecter les rois comme la Divinité qu'ils repréfentent (1). Mais il n'en eſt pas moins vrai que la première fource de la fouveraineté eſt dans le confentement du peuple.

CHAPITRE III.

Du droit de conquête.

QUE dirai-je donc du droit de conquête ; de ce fléau deſtructeur qui a ravagé tant d'empires & ſi ſouvent défolé le genre humain ? N'eſt-il pas auſſi un moyen légitime d'acquérir la ſouveraineté ? Cette queſtion a fort embarraſſé les politiques.

Les uns ſuppoſent que, par le droit du plus fort, la fouveraineté ſur le vaincu appartient au vainqueur. En ce cas, le vainqueur ne gardera ſon pouvoir qu'auſſi long-temps qu'il conſervera ſa force ; & un droit qui naît de la

(1) Ce n'eſt pas à dire qu'elle favoriſe ni la tyrannie, ni le deſpotiſme, ainſi que je l'expliquerai ailleurs.

force & s'éteint avec elle, a plus d'apparence que de réalité.

D'autres voyant le droit de conquête en vigueur chez toutes les nations barbares ou policées, l'attribuent au droit des gens. Je croirois entendre une troupe de brigands prononcer cette loi de police : « les dépouilles de celui d'entre nous, qu'un autre aura dévalisé, feront légitimement acquifes au ravisfeur ». Le droit des gens réfulte du droit de la nature. Le droit de la nature est tiré de la raifon. La raifon condamne la violence, au lieu de l'approuver ; & fi elle permet l'ufage de la force, c'est lorfqu'on réfifte à l'oppreffion ; ce n'est pas lorfquon opprime.

Plufieurs diftinguent entre les guerres qui font juftes & celles qui ne le font pas. Mais toutes les parties belligérantes prétendent avoir la juftice de leur côté. Qui décidera ce grand procès ? La force. C'est donc au droit de la force que cette diftinction nous ramène. Or, ces deux mots, *droit* & *force*, expriment deux idées contradictoires.

La plupart, dévouant au maffacre tous les habitans du pays conquis, imaginent que les vaincus doivent rendre graces au vainqueur, lorfqu'au lieu d'être leur bourreau, il veut bien

n'être que leur souverain. Mais *Montesquieu* (1);
& sur-tout *Rousseau* (2), ont tellement anéanti
ce système, absurde autant qu'il est atroce, que
désormais il ne paroîtra plus.

On peut dire que les nations vivent entr'elles
dans l'état de nature ; que conséquemment leur
première loi est de veiller à leur propre conservation ; qu'ainsi un peuple a le droit de faire
des conquêtes, lorsqu'elles sont nécessaires pour
sa sûreté. J'y consens ; mais aussi l'intérêt d'un
peuple n'est pas une obligation pour le peuple
voisin. Ce que la force lui a enlevé, il peut
donc le recouvrer par la force ; d'où il s'ensuit
que la conquête, fût-elle autorisée par le besoin, ne devient pas cependant un titre irré-
fragable.

Il faut donc revenir à mon principe, ou n'en
reconnoître aucun. Tant que la nation vaincue
n'aura pas légitimé, par son consentement, le
droit de conquête, elle restera en état de guerre
avec le conquérant. Elle portera le joug, faute
de pouvoir le briser ; elle le brisera sans injustice,
si jamais elle devient la plus forte ; or, le seul

---

(1) Esprit des Loix, livre 10, chap. 3.

(2) Contrat Social, livre premier, chap. 4.

rapport de la force à la foiblesse ne peut établir que le despotisme, & non pas une légitime
souveraineté.

Aussi, les conquérans exigent-ils un serment
de fidélité des peuples qu'ils ont soumis. Mais,
ce serment est-il bien libre ? ou sans être libre,
peut-il être obligatoire ?

M. de Montesquieu dit (1) que les princes ne
sont point libres, parce qu'ils ne vivent pas
entr'eux sous des loix civiles. Il conclut de-là
que les traités qu'ils ont faits par force, sont
aussi obligatoires que ceux qu'ils auroient faits
de bon gré ; &, ce qu'il dit des princes, on
peut le dire de même des nations.

Si cette doctrine étoit juste, le droit de conquête seroit facile à expliquer. Mais M. de
Montesquieu ne reconnoît-il donc d'autres loix
que les loix civiles ? Les loix de la nature ont
existé avant elles ; & le droit civil a confirmé,
& développé le droit naturel, bien loin de le
détruire. Or, les hommes ne cessant point d'être
hommes pour s'être unis en société, il s'ensuit
que les nations & les princes restent soumis
entr'eux aux loix de la nature. Elles forment

(1) Esprit des Loix, livre 26, chap. 20.

F 4

le droit civil des nations confidérées dans le rapport qu'elles ont les unes avec les autres.

Il eſt donc, pour les nations, une loi commune, qui domine également ſur chacune d'elles ; qui les aſſujettit toutes à obſerver ſes préceptes ſacrés ; & cette loi veut que, pour être obligatoire, le conſentement ſoit libre. Un ſerment arraché par la force ne produit donc aucune obligation, ni entre les particuliers, ni entre les peuples ; & s'il ne produit aucune obligation, il ne peut pas ſervir de fondement au droit de conquête (1).

Quand eſt-ce donc que la conquête ſera devenue, pour le vainqueur, un titre légitime de ſouveraineté ? C'eſt lorſque les peuples qu'il a vaincus ſeront heureux ſous ſon empire, & que le ſentiment de leur bonheur les portera enfin à reconnoître, pour ſouverain légitime, celui qui les en fait jouir. Les nations qu'Alexandre avoit ſoumiſes, la famille qu'il avoit détrônée, le pleurèrent après ſa mort. Voilà le droit de conquête, & une grande leçon pour les conquérans.

_____

(1) Ceci doit s'entendre ſuivant les explications que je donnerai dans le chapitre ſuivant.

CHAPITRE IV.

SUITE.

Des traités entre le vainqueur & le vaincu.

UNE seule cause peut accélérer le droit du conquérant, & le rendre, sans délai, possesseur légitime de la souveraineté sur le peuple conquis; c'est un traité légitime.

Telles que des individus qui ne seroient point unis par les nœuds de la société civile, les nations vivent entr'elles dans l'état de nature, également soumises à l'empire de la droite raison, à l'autorité des loix qu'elle prescrit. Les traités faits par les nations font donc obligatoires; les promesses qu'elles ont respectivement données & reçues font donc inviolables.

Si ces conséquences ne font pas démontrées; le droit de la nature n'est qu'une chimère; le droit des gens n'est qu'un vain nom.

L'état de guerre, que des conventions suspendent ou terminent, n'altère point ces principes, ainsi que Puffendorf l'a pensé (1); il leur

_____

(1) Droit de la nature et des gens, livre 8, chap. 7 et 8.

donne plutôt une force nouvelle. La guerre, en effet, quoique trop fouvent elle étouffe, dans les hommes, tout fentiment d'humanité, n'efface pas en eux la qualité d'hommes; elle les laiffe donc affujettis au droit naturel. Les conventions faites entre les puiffances ennemies confervent donc, malgré la guerre, toute leur autorité. Bien plus, il n'eft point de peuples qui n'aient regardé les traités folemnels comme un moyen légitime de terminer la guerre; & la guerre, fans cela, ne pourroit s'éteindre que par la deftruction totale de l'une des nations qu'elle divife. L'exécution des traités qui rétabliffent la paix importe donc à la tranquillité du genre humain, & leur foi femble avoir l'univers pour garant. Combien ce caractère les rend plus facrés !

Ainfi, lorfque, par un traité de paix, ftipulé entre les parties qui en ont le droit, & revêtu d'ailleurs de toutes les *formes réquifes* (1), un

---

(1) Quelles font ces parties? quelles font ces formalités? Ces queftions ne tiennent pas aux principes généraux du Droit politique; il faut en chercher la décifion dans la conftitution particulière des différens états.

peuple cède à un autre peuple des villes ou des provinces, celui-ci acquiert la fouveraineté fans délai, non point par droit de conquête, mais en vertu du confentement exprès de l'autre ; & il la conferve tant qu'il ne viole pas le traité qui la lui a tranfmife.

On oppoferoit en vain que le vaincu, contraint par la fupériorité des armes de fon ennemi, cède à la violence, lôin de donner un confentement libre ; que, du moins, des conventions, pûr effet de la crainte, ne peuvent le lier que dans le cas où le fort des combats a favorifé la juftice.

Grotius obferve avec raifon (1), « qu'il a » été établi entre les peuples, par les règles du » droit des gens, que toute guerre faite de part » & d'autre par autorité du fouverain, & dé- » clarée dans les formes, *feroit tenue pour jufte ;* » *à l'égard des effets extérieurs* », & fi cette règle n'étoit pas admife, les peuples feroient donc continuellement en état de guerre, puifqu'il n'eft aucun tribunal qui puiffe prononcer fur les querelles qui s'élèvent entr'eux.

Cela étant, fi le vaincu préfère les conditions

_____

1) Droit de la guerre, livre 2, chap. 17, §. 19.

qu'on lui impofe, aux dangers inévitables qu'il
apperçoit dans la continuation des hoftilités,
le choix qu'il fait eft également libre & fage.
Que la crainte ait influé fur fa détermination,
je le veux ; mais la tranquillité publique, l'intérêt commun des nations demandent que,
dans cette crainte, on ne voie rien d'injufte,
rien qui foit propre à annuller le traité; tel eft
le droit des gens?

- Je fuppofe cependant que les conditions
prefcrites par le vainqueur foient équitables,
& on doit les juger telles, toutes les fois qu'elles
ne font pas contraires aux droits imprefcrip-
tibles de l'homme. Je fuppofe encore que le
vainqueur ait eu, pour commencer la guerre,
ou pour la foutenir, un prétexte au moins
fpécieux, quoiqu'incapable, de foutenir l'examen attentif de la raifon ; c'eft alors que la
guerre eft *préfumée jufte*, par rapport *à fes effets
extérieurs*, & que le droit des gens confirme le
traité de paix, fans égard à la crainte que l'une
des parties alléguerait vainement pour l'enfreindre.

Que fi le vainqueur avoit entrepris la guerre
fans aucun fujet, ou pour des raifons manifef-
tement injuftes; fi un nouveau Cortès alloit
conquérir des nations lointaines ; où fon nom

n'eſt pas même connu; ſans doute le traité qui les lui ſoumettroit, dépourvu de tout prétexte plauſible, ne leur impoſeroit point des obligations irrévocables; &, pour les ſoumettre enfin à la ſouveraineté de l'uſurpateur, il faudroit attendre qu'elles l'euſſent adopté librement par un çonſentement tacite.

De même, ſi un guerrier farouche, abuſant du droit de la force, impoſoit aux peuples ſubjugués un joug inſupportable, des conditions que l'humanité réprouve, on ne verroit, dans le vainqueur, qu'un barbare; on ne verroit, dans le traité, qu'une oppreſſion. Alors, le conquérant ne jouira d'une ſouveraineté légitime que lorſqu'adouciſſant lui - même les clauſes d'un traité tyrannique, il fera oublier ſes cruautés, & méritera, par un gouvernement ſage, que les vaincus ſe donnent à lui (1).

Il eſt donc vrai que la conquête peut être une occaſion d'acquérir la ſouveraineté; mais que la ſouveraineté n'eſt jamais acquiſe au conquérant que par le conſentement ou *exprès*, ou *tacite* du peuple qu'il a vaincu.

_____

(1) Voyez, ſur les principes expoſés dans ce chapitre, la note de *Barbeyrac* ſur *Grotius*, livre 3, chap. 19, §. 11; *Vatel, droit des gens*, liv. 4, chap. 4; *Burlamaqui, principes du Droit politique*, quatrième partie, chap. 10.

CHAPITRE V.

Du despotisme.

CE que je viens de dire prouve assez ; ce que j'ajouterai dans le livre suivant prouve mieux encore que le despotisme ne devroit pas être placé au nombre des gouvernemens (1).

Le despote est celui qu, *sans loi & sans règle, entraîne tout par sa volonté & par ses caprices* (2). Selon le baron de Wolf (3), cette autorité qui fait frémir la nature & la raison, & qu'il appelle *imperium herile*, est néanmoins légitime, si le peuple a trouvé bon de la donner au chef qui le gouverne. Mais il falloit prouver que le corps du peuple, à qui le Contrat Social n'a déféré la souveraineté sur ses membres, que pour procurer la sûreté de leurs personnes & & de leurs biens, a cependant le droit de les

(1) On verra aussi dans les livres suivans, surtout dans le sixième livre, chap. 4, combien il y a de différence entre la monarchie et le despotisme.

(2) Ce sont les termes de M. de Montesquieu, *Esprit des Loix*, liv. 2, chap. 1.

(3) *De juris natura*, §. 269.

soumettre à un régime qui met leurs biens & leurs personnes dans un danger continuel & imminent.

Aussi, Vàtel (1) exige, pour l'établissement du despotisme, non-seulement la volonté générale du peuple, mais le consentement individuel de tous les particuliers. Il faut donc supposer que des millions d'hommes ont dit à un seul homme : « nous nous livrons à ta discrétion ; tu » disposeras, à ton gré, de nos biens, de nos fem- » mes, de nos enfans; tu nous dévoreras, quand il » te plaira de nous dévorer ». Une semblable convention, si jamais elle a été faite, étoit le comble de la folie. Les loix naturelles, les loix politiques, les loix civiles l'annullent, la proscrivent de concert. Est-ce que les sujets donneroient validement au souverain le pouvoir de leur ravir ce que son titre, au contraire, le charge essentiellement de conserver ? Jamais il ne peut avoir l'autorité légitime de faire des actes qui détruiroient la nation.

Le droit des gens avoit établi chez les nations payennes, que tout soldat, pris par l'en-

_____

(1) Observations sur le traité *du Droit de la Nature*, par M. Wolf, §. 269.

ñemi, les armes à la main, tomboit dans la
fervitude. M. *Rouffeau* a prouvé, par les feules
lumières de la raifon, que l'homme ne peut ni
donner, ni vendre fa liberté (1). Les loix romaines, ces loix qui ne font que l'explication
du droit naturel, qui ont foumis à leur empire
les vainqueurs même de Rome, qui feront à
jamais l'étonnement & l'admiration des fages,
les loix romaines accordent à la liberté une
faveur particulière. Elles la regardent comme
un bien *hors du commerce ;* elles annullent toutes
les conventions propres à la bleffer (2). En un
mot, felon le droit naturel, fanctionné par le
droit civil, la liberté eft inaliénable, parce
qu'elle n'a point de prix ; & le confentement
individuel que Vatel demande pour le fondement
du defpotifme, feroit un confentement nul aux
yeux de la raifon & des loix.

Le defpotifme eft donc, en matière de gou-

_____

(1) Contrat Social, liv. 1, chap. 4.

(2) Il étoit cependant quelques cas où la perte de
la liberté étoit la peine d'un délit. *Voyez Henn ccius,
Cléon ; jus civ., sec.; ord. instit., liber primus, tit.* 3,
§. 83.

vernement,

vernement, un monftre créé par la violence &
nourri par la fottife. Il fera anéanti, lorfque
fes fujets feront devenus des hommes. Jufques-
là, le defpote les tient enchaînés, & il fait bien.
Alors, ils briferont leurs chaînes, & ils feront
encore mieux.

CHAPITRE VI.

Comment la fouveraineté fe tranfmet.

COMME la fouveraineté ne peut être acquife
que par le confentement du peuple, de même
c'eft au peuple qu'il appartient de déterminer
la manière dont elle paffera d'un fouverain à
l'autre, dans la fuite des temps. Quelquefois, il
la foumet au droit d'élection ; plus fouvent, il
l'abandonne aux loix de l'hérédité ; de-là vient
que, dans quelques Etats, la fouveraineté eft
élective, tandis que dans le plus grand nombre
elle eft héréditaire. Il eft même arrivé quelquefois que la voie de l'élection & celle de la fucceffion fe trouvant réunies, le nouveau fouverain étoit choifi parmi les membres de la famille régnante. Tel étoit l'ufage, par rapport

G

à la souronne de France, sous la seconde race,
& même sous la première, si l'on en croit
l'abbé de Vertot (1).

Ces règles font communes à l'aristocratie & à
la monarchie. Il est des rois que l'élection met
sur le trône ; il en est d'autres à qui la succession le transmet. De même aussi, dans quelques
sénats, les membres font électifs, dans plusieurs
autres, la qualité de sénateur passe aux héritiers ; par-tout, la transmission de la souveraineté doit suivre les loix anciennement établies par la volonté du peuple.

(1) Mémoires de l'Académie des Inscriptions et
Belles-Lettres, tom. 6.

CHAPITRE VII.

Laquelle des deux est la plus avantageuse pour le peuple, de la souveraineté élective, ou de la souveraineté héréditaire.

Elles ont, chacune, leurs avantages & leurs inconvéniens, leur bien & leur mal.

La succession expose à de fâcheux hasards ; l'élection est une source inépuisable de guerres civiles, le plus grand des maux qui puissent affliger un Etat.

Quand on a le droit d'élire, on peut appeler au trône celui qui est le plus digne d'y monter. Mais, si l'élection se fait par le peuple, il sera souvent trompé ; si elle se fait par des mandataires, ils seront souvent corrompus. Quand le successeur à la couronne est désigné par sa naissance, on peut, dès ses premiers ans, lui apprendre à la porter ; & si l'éducation des princes n'est pas toujours conforme à l'intérêt des peuples, c'est la faute des instituteurs, & non pas de la loi.

Dans un royaume électif, le monarque est

G 2

moins intéressé à étendre l'autorité royale au-
delà de ses justes bornes ; mais il prend aussi
moins d'intérêt à la prospérité de l'Etat qu'à
la fortune de sa famille, & le gouvernement
changeant de principes aussi souvent que de
chef, est sujet à de fréquentes vicissitudes.

Dans un royaume héréditaire, les rois s'attachent à l'Etat par les liens qui les unissent à
leur famille ; formés sur les mêmes principes,
ils suivent des plans d'administration plus uni-
formes. Mais il est dangereux que la famille
régnante ne tende au pouvoir arbitraire avec
la même constance ; & la nation a besoin d'une
vigilance plus soutenue pour se conserver ses
droits.

Après tout, si l'hérédité donne quelquefois
des princes cruels, & plus souvent des princes
foibles, l'élection n'en donne-t-elle pas aussi ?
L'histoire de l'Empire romain, de la Pologne,
de l'Allemagne, offre-t-elle moins de mauvais
règnes que celle de l'Espagne, de l'Angleterre
ou de la France ? Mais du moins, & cette
considération efface toutes les autres, l'hérédité
préserve l'Etat d'une instabilité destructive ; elle
exclut les brigues & les factions ; elle assure
la paix intérieure ; & l'usage du plus grand
nombre des peuples qui lui ont donné la pré-

férence fur l'élection, eft un fûr garant que réellement elle la mérite (1).

(1) On peut voir, à ce sujet, l'auteur anonyme de l'Essai sur le gouvernement civil, et le Commentaire des loix anglaises, par Blackstone.

CHAPITRE VIII.

De l'élection.

LORSQUE le trône ou le fénat fe rempliffent par la voie de l'élection, l'on y procède felon les formes établies par les loix de l'Etat, ou par d'anciens ufages qui en tiennent lieu. Quelquefois, c'eft le peuple qui élit; quelquefois, c'eft une partie feulement des citoyens. Là, l'élection eft libre & entièrement dépendante de la volonté des électeurs; ici, elle doit fe faire ou parmi les citoyens d'une certaine claffe, ou parmi les membres d'une certaine famille. Mais celui qui eft élu jouit-il de la fouveraineté? Il eft étrange que les politiques aient propofé cette queftion; plus étrange encore qu'elle ait partagé leurs fuffrages; car la manière dont la

fouveraineté fe tranfmet, n'a rien de commun
avec les caractères qui la conflituent.

Puifque je fuis tombé fur la matière de l'élection, il faut l'envifager dans toute fon étendue,
& relativement aux différens emplois publics.

Dans un Etat *purement monarchique*, l'élection
ne doit être d'aucun ufage (1). Elle eft très-
fréquente, au contraire, dans les autres gouvernemens fimples ou mixtes.

Elle peut fe faire de deux manières ; par le
fort ou par le choix.

La voie du fort fuppofe ou des charges qui
n'exigent ni vertus, ni talens, ou des citoyens
qui font tous égaux en talens & en vertus.
Heureufes les républiques où elle pouvoit être
mife en ufage fans danger ! Il faut en convenir
néanmoins ; fouvent, le choix que font les
hommes donne lieu de regretter celui que le
fort auroit fait ; c'eft que la corruption eft plus
à craindre que le hafard.

_____

(1) « Le monarque, dit *Rousseau*, étant, de droit,
» seul prince et magistrat unique, le choix de ses
» lieutenans n'appartient qu'à lui » *Contrat Social*,
liv. 4, *chap.* 3.

Le Choix peut se faire ou publiquement, ou en secret.

Tant que les citoyens furent vertueux, les suffrages furent publics ; le mystère est inutile aux électeurs, quand ils choisissent le plus digne, & que les candidats, qui sont exclus, remercient les Dieux, à l'exemple de Pédarète, d'avoir donné à la république d'autres sujets plus en état de la servir.

Mais quand l'égoïsme eut étouffé l'amour de la patrie, que l'intrigue disposa des places ; que les suffrages se vendirent, les candidats exclus conçurent des projets de vengeance. Alors, il fallut donner aux électeurs la facilité de suivre leur conscience sans s'exposer à la haine, ou de la trahir sans se couvrir de honte ; & la voie du scrutin fut introduite. L'élection par scrutin suppose donc que le peuple est corrompu ; & lorsque le peuple est corrompu, la voie de l'élection est pernicieuse.

On peut dire que tous les citoyens doivent être électeurs, non pas afin que chacun d'eux puisse exercer une minutieuse partie de la souveraineté ; ce qui n'est qu'une orgueilleuse chimère, mais parce que l'élection leur donne des représentans, & qu'ils sont tous intéressés aux fonctions qu'elle défère.

G 4

Pour élire, cependant, il faut connoître les
fujets dignes d'être élus ; & les dernières claffes
du peuple ne peuvent avoir cette connoiffance.
Elles font, d'ailleurs, fi faciles à gagner par les
careffes, à intimider par les menaces, à corrompre par l'argent, qu'il y auroit de la témérité
à compter fur la rectitude de leurs fuffrages. On
ne peut donc admettre à l'élection tout le peuple
indiftinctement, fans vouloir que le plus grand
nombre des électeurs, ou foient féduits, ou
foient vendus, ou choififfent au hafard.

S'il importe que la faculté d'élire foit ref-
treinte à un certain nombre de citoyens, on
croiroit, au premier abord, que tous, au contraire, doivent jouir de la faculté d'être élus ;
& qu'il feroit injufte d'attacher cette faculté aux
qualités accidentelles qui viennent des richeffes
ou de la naiffance ; la naiffance, dira-t-on,
donne de l'orgueil plutôt que des talens ; les
richeffes portent au vice plutôt qu'à la vertu.
Souvent, au contraire, la nature & l'éducation
réparent les injuftices du fort. Tel qui eft né
au dernier rang, & que la fortune n'a point
favorifé, eft fouvent un fujet capable ; pourquoi donc ne feroit-il pas permis de le choifir ?
Cette doctrine feroit jufte, peut-être, fi l'on
étoit certain que toujours le choix des électeurs

sera réglé par la sagesse.. Mais le but des loix
est de prémunir les hommes contre l'erreur &
les passions; & les précautions qu'elles ont à
prendre ne peuvent se déterminer que sur le cal-
cul des probabilités. Il faut donc que la qualité d'*éligible* soit restreinte à ceux qui, dans
toutes les classes, ont le plus d'intérêt au maintien de l'ordre & de la justice; & cet intérêt
dérive des différentes espèces de propriétés que
l'on possède.

Mais, en vain l'on prendra toutes les précautions que la prudence peut suggérer. Dans
les élections populaires, la plupart des électeurs seront toujours esclaves de la cabale;
toujours, c'est au plus intriguant qu'ils donne-
ront leurs suffrages, même en croyant les donner au plus digne. L'homme de mérite ne se
fait pas chef de parti. Dédaignant la brigue par
fierté, ou se l'interdisant par sagesse, il vit inconnu du vulgaire; & les places dont le peuple
dispose à son gré, deviennent communément
la proie de l'ignorant, assez souple pour se plier
aux vues de la populace, assez vil pour caresser
les passions, assez effronté pour acheter son
suffrage.

CHAPITRE IX.

De la succession.

LES usages des différentes nations sur la succession au trône varient à l'infini, & dépendent néanmoins d'un principe commun. C'est pour l'avoir méconnu, que les auteurs ont répandu sur cette matière une si profonde obscurité.

La souveraineté est héréditaire, lorsque le peuple, faisant par un seul acte, l'élection d'une longue suite de souverains, la défère non-seulement à celui qu'elle choisit en premier ordre, mais à tous ses descendans à perpétuité. Alors, ceux qui recueillent ce précieux héritage ne le reçoivent pas du souverain précédent, mais du peuple lui-même, ou de la loi primitive qui les y appelle.

De-là, il résulte que la souveraineté héréditaire est un *fidei-commis* fondé par le peuple, & qui doit suivre à jamais les règles tracées dans le titre primitif de son établissement.

Le *fidei-commis* est de deux espèces. L'un imite

l'ordre les fucceſſions *ab inteſtat*, l'autre réunit davantage les caractères propres aux fubſtitutions.

Dans le premier cas, tous ceux qui font appelés à la fucceſſion du précédent fouverain, fuccèdent auſſi à la fouveraineté, & partagent l'empire. Mais il ne faut pas confondre les biens patrimoniaux du fouverain avec la fouveraineté elle-même. Les plus proches parens recueillent les uns comme héritiers, & les autres comme fubſtitués. L'hérédation ne les dépouille point de leurs droits au trône; il leur eſt libre d'y monter, en répudiant la fucceſſion. En un mot, comme fuccédant à la fouveraineté, ils jouiſſent des privilèges que les loix civiles accordent aux *fidei-commiſſaires*, fans être tenus des charges qu'elles impoſent aux héritiers.

Dans le fecond cas, il faut examiner quelle eſt la nature du *fidei-commis*, pour connoître ceux qui s'y trouvent appelés. Quelquefois, il eſt linéal, en forte que la fille, plus proche, exclut le mâle plus éloigné; quelquefois, il eſt mafculin; & tous les mâles du même degré fuccèdent concurremment, à moins que le dernier poſſeſſeur n'ait fait ufage du droit d'élire. Quelquefois, il eſt agnatique, & alors, non-feulement les filles, mais les mâles qui en deſ-

cendent, font perpétuellement incapables de
fuccéder à la fouveraineté. Quelquefois, enfin,
il forme un vrai majorat.

Le plus communément, la fucceffion au trône
s'eft réglée en Europe fur la fucceffion aux fiefs.
Elle eft foumife au droit d'aîneffe, ou en eft
exempte; les filles y font admifes, ou en font
excluës, felon que ces différentes loix avoient
lieu par rapport aux fiefs, dans les temps où
les différens royaumes furent établis, ou leur
conftitution réformée.

CHAPITRE X.

Que la fouveraineté ne peut fe tranfmettre par des
actes entre-vifs ou de dernière volonté.

Lorsque la fouveraineté eft héréditaire, &
que plufieurs héritiers, au même degré, y font
appelés enfemble, le fouverain peut affigner à
chacun d'eux une portion de l'empire ou le dé-
férer à un feul. Ces difpofitions, dont la première & la feconde race de nos rois offre de
fréquens exemples, n'ont rien de contraire aux
loix fondamentales de l'Etat.

Mais, a-t-il le droit d'en difpofer au profit des perfonnes qui n'y font pas appelées par l'ordre ordinaire des fucceffions ? *Hobbes*, qui ne fixe point de terme à l'autorité des rois, re- connoît en eux le pouvoir indéfini de tranf- mettre la fouveraineté par des teftamens, par des donations, par des ventes (1). *Grotius*, qui a fouvent abufé de fon érudition, pour leur at- tribuer d'injuftes prérogatives, diftingue les royaumes en patrimoniaux & ufufructuaires (2). Le prince, dit-il, pofsède les premiers en pleine propriété ; il en a la difpofition libre. A l'égard des feconds, il n'eft qu'ufufruitier ; il peut en jouir, mais non pas les aliéner. *Puffendorf* (3) plus fage que *Grotius*, quoiqu'il n'ait pas fu toujours fe garantir de fes erreurs, a fuivi le même fyftême, qui compte d'ailleurs une foule de partifans, & entr'autres, *Burlamaqui* (4).

_____

(1) *De cive*, *sub titulo* Imperium, *caput* 9, *N.* 12 *et* 15.

(2) Droit de la guerre, liv. premier, chap. 3, §. 11.

(3) Droit de nature et des gens, liv. 7, chap. 6, §. 16.

(4) Principes du droit politique, chap. 3, tit. 3, §. 25.

Selon moi , il n'eſt rien de plus déraiſonnable que cette comparaiſon entre un royaume & un champ ; entre les loix qui prononcent ſur les propriétés particulières & celles qui ſont relatives à la ſouveraineté d'un Etat.

Quand les nations ſe donnèrent un ſouverain, ce n'eſt pas ſon avantage qu'elles avoient en vue , mais le leur propre. Elles vouloient qu'il les rendît heureuſes par une ſage adminiſtration, & non pas qu'il les mît dans le commerce comme un troupeau de bétail. A force de flatter les monarques, quelques politiques ont dégradé la raiſon & avili l'humanité.

En élevant ſur le trône une famille qui méritoit ſa confiance, le peuple a exclu toute famille étrangère. Celui à qui le ſouverain légitime auroit vendu ou donné ſon royaume, le poſſéderoit donc contre la volonté du peuple. Il ſeroit donc un uſurpateur , & s'il eſt vrai que la ſouveraineté n'eſt établie que pour l'intérêt du peuple, comment pourroit-il ſe faire que la ſouveraineté fût jamais le patrimoine de celui qui le poſsède ?

Le baron de Bielfeld (1) obſerve *que la volonté*

_____

(1) Inſtitution politique, première partie, chap. 3, §. 19.

du chef d'une société doit être regardée comme la volonté positive de tous ses membres. Il en conclut que le prince paroît fondé à disposer de l'empire. Mais il n'a pas fait attention que ce principe, très-vrai, lorsqu'il s'agit du gouvernement de l'Etat & de l'utilité commune, renverse la conséquence qu'il en déduit. Est-ce administrer l'Etat que de le vendre ? Est-ce procurer l'utilité commune que de donner à la nation un chef qu'elle réprouve, dès qu'il n'est pas appelé par les loix qu'elle a faites ?

On allègue le droit de conquête. Mais j'ai déjà dit que ce droit n'est rien, s'il n'a pas pour base le consentement du peuple conquis. Il n'est point de différence entre la souveraineté conquise sur le peuple, ou donnée par lui.

On suppose que, lors de l'établissement d'une monarchie non élective, le peuple a permis au souverain la libre disposition de son droit ; mais cette supposition, contraire à la nature des choses, heurte la raison. Le peuple étoit autorisé, par le Contrat Social, à donner aux citoyens un gouvernement juste & sage ; il pouvoit donc établir une monarchie héréditaire. Mais le peuple n'avoit point la propriété de l'Etat ; il ne pouvoit donc pas la transmettre au monarque établi.

On cite, enfin, des exemples. Mais, parmi
ces exemples, il faut diftinguer les fiefs tenus
en fouveraineté, des fouverainetés indépendantes, qui ne relèvent que de la nation.

A l'égard des fiefs, tenus en fouveraineté,
la fouveraineté paroît être un acceffoire du
fief, telle que la juftice feigneuriale étoit en
France, lorfqu'elle y fut établie. Il ne feroit
donc pas étonnant que, par l'effet d'une conftitution qui leur eft particulière, le principal
entraînât l'acceffoire, fur-tout lorfque le fief,
décoré de l'autorité fouveraine, retourne entre
les mains du feigneur dominant.

Par rapport aux fouverainetés indépendantes,
les feules dont il foit ici queftion, fi les alié-
nations, qui en ont été faites quelquefois, n'ont
eu d'autre titre que la force, elles n'établiffent
pas le droit; & fi elles ont été confirmées par
le confentement exprès ou tacite du peuple, ce
confentement les a rendues légitimes (1).

_____

(1) Voyez, fur cette matière, *Vatel*, du Droit
des gens; liv. premier, chap. 5, §. 61 et 68.

CHAPITRE

CHAPITRE XI.

Des Renonciations.

LA plupart des écrivains font tombés dans d'étranges méprifes, au fujet des renonciations, pour avoir confulté les loix civiles fur une matière à laquelle les loix civiles font abfolument étrangères. « Il ne faut pas decider par les règles » du droit civil, dit Montefquieu, quand il » s'agit de décider par les règles du droit po- » litique (1) ».

Sans contredit, les loix qui règlent la fuccef- fion au trône, forment une partie principale du droit politique ; elles font les premières loix fondamentales de l'Etat. Que fait donc un prince de la famille régnante, lorfqu'il renonce à la fouveraineté pour lui & pour fes defcendans ? Il déroge à une loi fondamentale ; & je prou- verai, dans la fuite, que le fouverain lui-même n'a pas le droit d'y déroger.

(1) Esprit des loix, liv. 26, chap. 16.

H

Il eſt donc évident que cette renonciation eſt nulle, non-ſeulement par rapport aux deſcendans du prince qui l'a faite, mais par rapport à lui-même. Pour la rendre irrévocable, il faut l'autorité de la nation. C'eſt elle qui a réglé l'ordre de la ſucceſſion au trône; cet ordre ne peut donc être interverti ſans elle. Ainſi, toute renonciation qu'elle n'a pas autoriſée eſt ſans force. On peut renoncer à ſon droit, mais non pas au droit d'autrui, non pas au droit d'un peuple. Au contraire, toute renonciation, qu'elle a revêtue de ſon conſentement, eſt efficace, & pour celui qui l'a faite, & pour ceux qui deſcendent de lui. Comme en effet, le droit des races futures n'eſt pas encore formé, comme il ne conſiſte que dans une vocation incertaine, comme il ne peut leur être tranſmis qu'au moyen de l'acceptation qui en a été faite pour eux, par l'un de leurs auteurs, pourquoi une renonciation légitime, faite également en leur nom, ne ſeroit-elle pas capable de les en priver?

Quand je parle de la nation, je parle auſſi de ſes repréſentans. Ainſi, le conſentement du roi, repréſentant légitime de la nation, ſuffira pour rendre valides les renonciations faites par les princes de la famille régnante, à moins que la conſtitution n'ait établi des états-généraux ; car alors le conſentement des Etats devroit concourir avec celui du monarque.

Tels ſont les principes ; mais ces principes doivent céder à l'empire des conjonctures ; & la ſeule règle que l'on puiſſe conſulter pour en faire une application juſte & ſage, c'eſt le bien de l'Etat.

CHAPITRE XII.

La nation peut-elle changer l'ordre de la ſucceſſion au trône ?

QUOIQUE l'ordre anciennement établi doive être obſervé dans les cas ordinaires, le peuple eſt en droit de l'interrompre, lorſqu'il ne pourroit s'y conformer ſans un danger manifeſte. Il eſt avantageux que le chef d'une nation vive au milieu d'elle. Il eſt nuiſible, au contraire, qu'elle ſoit gouvernée par un prince nourri dans des maximes qui ne ſont pas les ſiennes. Si donc il arrivoit que la loi du ſang appelât au trône un étranger, le peuple pourroit l'exclure ; ſi le prince, qui doit ſuccéder, poſſé-

H 2

doit un autre royaume, le peuple pourroit l'exclure encore. Les ſtatuts que la Ruſſie & le Portugal ont faits ſur cet article intéreſſant, entrent d'eux-mêmes dans le code politique de toutes les nations.

Dira-t-on que le peuple dérogeroit alors aux loix fondamentales? Non, il n'y dérogeroit pas. Ces loix s'expliquent, ſe modifient, ſe reſtreignent par une autre loi inviolable, impreſcriptible, la premiere & la plus puiſſante de toutes ; ſavoir, *le ſalut du peuple* (1). Quand la nation établit une monarchie héréditaire, quand elle détermina l'ordre de la ſucceſſion, elle penſa que cet arrangement étoit le plus convenable, pour aſſurer à jamais la tranquillité, la proſpérité de l'empire. Si donc il arrive, par des événemens imprévus; que le cours ordinaire de la ſucceſſion entraîne avec lui des dangers pour l'Etat, & devienne une calamité publique, il faut l'interrompre. Ce n'eſt pas violer alors le réglement primitif, c'eſt en ſuivre, ſinon les termes, du moins l'eſprit.

Ce n'eſt pas à dire que le peuple s'arrogeant un droit d'examen ſur le ſouverain que la naiſ-

_____

(1) Voyez, à ce ſujet, l'Eſprit des loix, liv. 26, chap. 23.

fance lui donne, puiffe le rejetter, fous prétexte d'incapacité. Ce feroit ouvrir la porte à
des troubles continuels; transformer l'hérédité
en élection; fouler aux pieds les loix fondamentales; violer les droits du fouverain & les
devoirs des fujets; lever enfin l'étendard de
la révolte. Qand le prince eft évidemment incapable de régner, la régence eft le feul remède
auquel il foit permis de recourir. Cette matière
recevra un nouveau jour, lorfque je traiterai,
dans le cinquième livre, la queftion de favoir
fi le peuple peut changer, à fon gré, la forme
du gouvernement.

CHAPITRE XIII.

Des difficultés qui s'élèvent fur la fucceffion au
trône.

TELLE eft l'injuftice des princes; tel eft le
malheur des peuples, que s'il s'élève des difficultés fur la fucceffion au trône, la guerre s'enflamme de toute part, & l'empire arrofé de
fang refte à celui des rivaux qui en a fait couler
davantage. Mais, le canon, pour être le dernier

argument des rois, n'est pas la première règle
de la justice ; & j'examine à qui appartient,
de droit, le jugement de ce grand procès.

Il n'existe point de tribunal auquel il puisse
être porté. Nul tribunal au monde n'a de ju-
.:isdiction sur une nation indépendante. Les
puissances voisines peuvent interposer leur mé-
diation, mais non pas leur autorité : elles n'en
ont aucune. C'est donc au peuple, dont les
prétendans se disputent la souveraineté, c'est à
lui seul qu'il appartient de juger auquel d'entre
eux elle est dévolue. Il faut bien que le peuple
soit juge, puisque nul autre ne peut l'être.

C'est un devoir pour lui de travailler à sa
conservation, au maintien de son gouvernement & de ses loix fondamentales ; d'avoir les
yeux ouverts sur tout ce qui l'intéresse, & de
procurer son bien. Il s'est déchargé, sur le monarque, de ce soin important & pénible. Quand
le monarque est incertain, c'est à lui-même de
le remplir ; & n'importe-t-il pas au peuple d'a-
voir un souverain légitime, plutôt qu'un usurpateur ? N'est-il pas de son intérêt que l'ordre
de la succession se conserve sans atteinte ; que
les loix qui le déterminent ne soient pas violées ?

Ces loix sont l'ouvrage du peuple (1). C'est

---

(1) Voyez, ci-après, le livre 4, chap. 6.

lui qui aliéna la fouveraineté ; il l'auroit con-
fervée s'il l'eût voulu ; c'eft lui qui prefcrivit la
manière dont la fouveraineté fe tranfmettroit.
Il pouvoit la laiffer élective, au lieu de la rendre
héréditaire. Or, quel autre que le légiflateur a
le droit d'interpréter, d'appliquer la loi qu'il a
faite ?

Si donc un cas fe préfente où les loix, con-
cernant la fucceffion, paroiffent obfcures &
leur application incertaine, les prétendans
doivent fe foumettre au jugement de la nation.
S'ils emploient d'autres moyens, ces moyens
font injuftes. Que les princes ambitieux recou-
rent à la force ; un prince fage ne veut que la
juftice. Lorfque la couronne de France fut dif-
putée entre Philippe de Valois & Edouard, roi
d'Angleterre, les états-généraux prononcèrent
fur cette conteftation, & leur jugement fut
irrévocable.

Fin du troifième livre.

ÉLÉMENS

DU

DROIT POLITIQUE.

LIVRE IV.

CHAPITRE PREMIER.

SUJET DE CE LIVRE.

JE touche à la partie la plus intéreſſante du droit politique. C'eſt du contrat qui ſe fait entre la nation & le ſouverain, c'eſt de la conſtitution de l'Etat & de ſes loix fondamentales que je vais parler.

CHAPITRE II.

De la convention qui se fait entre l'Etat & le souverain (1).

LA société se forme par une convention qui lie chaque individu envers tous les autres. Mais se fait-il encore une convention particulière entre l'Etat & le souverain ? Cette question, très-métaphysique, & sur-tout très-inutile, lorsque le peuple conserve la souveraineté, est, au contraire, de la plus haute importance & d'une facile discussion, lorsque la souveraineté est aliénée.

Hobbes & Rousseau nient qu'aucune convention ait lieu entre le peuple & le roi. Mais, quoique d'accord sur le principe, ils en déduisent des conséquences très-opposées.

Hobbes en conclut que le prince jouit d'une autorité irrévocable & sans bornes ; il en con-

_____

(1) Voyez, sur cette question, Puffendorf, *du Droit de la nature et des gens*, liv. 7, chap. 2, §. 8 et suiv. C'est une de celles qu'il a le mieux traitées.

clut, que, si le roi & le tyran diffèrent l'un de l'autre, c'est uniquement par l'usage bon ou mauvais qu'ils font de leur puissance indéfinie. De telles conséquences, qui n'ont que trop accrédité les déclamations de nos philosophes contre l'autorité des rois, ne peuvent résulter que d'un principe absurde.

Au contraire, Rousseau en infère que le peuple conserve une autorité supérieure à celle des rois ; qu'il peut limiter leur puissance ; qu'il peut les en dépouiller, lorsque le bien de l'Etat exige cette révolution.

Le principe de Rousseau seroit incontestable ; les conséquences qu'il en déduit seroient justes, s'il étoit vrai que la souveraineté fût inaliénable. Alors, le prince ne seroit que le ministre de la nation ; & le maître ne fait point de convention irrévocable avec son intendant. Alors, le prince resteroit, comme tous les citoyens, soumis à la souveraineté du peuple ; & il seroit absurde qu'un contrat mît le souverain dans la dépendance du sujet.

Mais, en prouvant que la souveraineté peut s'aliéner, j'ai renversé la base de l'édifice élevé par M. *Rousseau* ; & il est facile de démontrer, contre *Hobbes*, qu'il se fait une convention entre

I 2

le peuple & le roi, au moment où la souveraineté lui est transmise.

D'une part, avant que le peuple ait choisi son roi, sans contredit, il n'est pas obligé de lui obéir. Il faut donc une cause qui produise cette obligation ; & cette cause, où la découvrirons-nous ?

Selon *Hobbes*, elle existe dans le premier contrat, par lequel chaque membre de la société promit à tous les autres de se soumettre au gouvernement que le Corps trouveroit bon d'établir ; c'est une erreur manifeste. Une convention ne peut acquérir des droits qu'aux parties qui l'ont stipulée, & non point à des tiers. La soumission due au roi par le peuple ne peut donc être l'effet que d'un nouveau pacte conclu entre le peuple & le roi. En se donnant un roi, le peuple promet de lui être soumis & fidèle ; & quand cette promesse ne seroit pas énoncée en termes précis, elle seroit tacitement renfermée dans l'acte même qui transfère la souveraineté.

D'un autre côté, que l'on me permette de rappeler des principes que j'ai déjà retracés ailleurs, mais qui reçoivent ici une application manifestement juste.

Il est indubitable que, si le peuple choisit, de préférence, le gouvernement monarchique, c'est que le gouvernement monarchique lui paroît le plus avantageux. Son intérêt propre est le seul, motif qui l'engage à se dépouiller de son autorité, en faveur d'un monarque, & si quelques écrivains ont dit qu'il est des royaumes fondés pour le seul intérêt du roi, ils ont dit une extravagance.

Ainsi, l'on ne peut en douter, la souveraineté est déférée au roi, afin qu'il en use pour la prospérité de l'Etat & le bonheur des sujets, afin qu'il fournisse à la société les moyens de parvenir plus sûrement au but qu'elle se propose. Le roi, en l'acceptant, se soumet donc lui-même aux conditions sous lesquelles elle lui est transmise, sans lesquelles il n'en seroit pas revêtu ; & le serment prêté par les rois, lorsqu'ils reçoivent la couronne, n'est-il pas une preuve authentique, ou plutôt une répétition des engagemens contractés par celui de leurs prédécesseurs qui la porta le premier ?

C'est une étrange manière de contracter, dit M. *Rousseau* (1), que de s'obliger à commander

_____

(1) Contrat Social, liv. 3, chap 16.

d'une part, & à obéir de l'autre. Cette plai-
santerie seroit bonne, si tel étoit le contrat qui
lie ent'eux le souverain & le peuple. Mais le
peuple ne s'oblige pas à obéir comme un esclave
à son maître; il ne s'oblige qu'à suivre les loix
qui seront établies pour son bonheur. Le souverain ne s'oblige pas *à commander* ce qui seroit
vraiment ridicule; il s'oblige à procurer, par
un gouvernement sage, le bien de la nation.

Ce contrat, dit encore le même auteur, ne
seroit pas un acte de la souveraineté, & conséquemment, il seroit illégitime. Au contraire,
c'est par un acte de la souveraineté que le peuple
à qui elle appartient s'en dépouille; du moins,
il la transmet, en vertu d'un droit qui résulte
du Contrat Social, ainsi que je l'ai expliqué
ailleurs (1). Le pacte par lequel cette transmission s'opère, est donc légitime.

En aliénant la souveraineté, le peuple agit
comme souverain; car s'il n'étoit pas souverain, il ne pourroit pas disposer de la souveraineté. Cet acte participe néanmoins à la nature des conventions, parce qu'il se fait entre
deux parties, & se consomme par leur consen-

_____

(1) Livre 2, chap. 8.

tement mutuel. Le peuple cède le pouvoir fouverain, aux conditions qu'il détermine. Le roi
l'accepte, aux conditions propofées, & qu'il
s'engage à remplir. N'eft-ce pas là une convention légitime ?

Quel fera donc, demande M. *Rouffeau*, le
garant des engagemens réciproques, formés par
les parties contractantes ? Je réponds qu'ils auront pour garant, la loi naturelle, qui domine
également fur les fujets & fur les rois. Je réponds encore que, fi le roi viole les engagemens qu'il a contractés, la force publique
pourra fe tourner contre lui, & déclarer que
la convention eft diffoute; c'eft un fujet que je
traiterai dans le livre fuivant. . . .

Mais celui qui a la force en main fera toujours le maître de l'exécution. . . . . Avec cette
objection, fi elle étoit raifonnable, je détrui-
rois auffi tout le fyftême du *Contrat Social* ; &
M. *Rouffeau*, quand il l'a faite, ne s'eft pas rap-
pelé ce qu'il avoit dit ailleurs, que, fi l'on fup-
pofé l'abus de la force, il eft inutile de chercher
quels font les principes du droit.

Hobbes oppofe toutefois, & M. Rouffeau.a
répété ce mauvais fophifme, que, par l'élection du fouverain, le peuple fe détruit; or,
dit-il, on ne fait pas de convention avec un

I 4

être qui n'exifte plus. . . . Il faudroit conclure de-là que l'élection du roi le détruit lui-même. Si, en effet, le peuple ne fubfifte plus, les individus retombent dans l'état de nature ; & dans l'état de nature, il n'eft point de rois.

Comment donc ? L'acte qui établit un gouvernement eft la confommation du Contrat Social ; & le Contrat Social feroit anéanti par l'acte qui le confomme ! C'eft pour fa profpérité que le corps politique fe foumet à une autorité tutélaire ; & un acte fait pour fa profpérité lui donneroit la mort ! Dans tous les temps, l'univers a été rempli de nations foumifes à des fénats ou à des monarques. Il n'a donc été rempli que de nations diffoutes. Le peuple romain fe détruifit, lorfqu'il élut Numa pour Roi, & Tite pour empereur. Le peuple françois n'exiftoit plus fous le règne de Charlemagne, de Louis XII, de Henri IV. Ah ! que les corps politiques aient toujours de tels fouverains, & s'ils fe détruifent, en les choififfant, ils fe détruiront pour être heureux.

A l'inftant où la nation élit un roi & traite avec lui, elle eft encore fouveraine. Cette élection & le contrat qui l'accompagne, font le dernier acte de fa fouveraineté, mais ils en font encore un acte. La nation n'eft donc pas dif-

foute au moment du contrat ; & c'en eſt aſſez
pour le rendre inviolable.

Elle n'eſt pas diſſoute non plus après le contrat. Tant que le *Corps Politique* jouit de la ſouveraineté , on le conſidère ſous deux rapports ;
comme *Etat* , quand il eſt *paſſif* , comme *ſouve-*
rain , quand il eſt *actif.* Ses membres s'appellent,
en particulier, *citoyens* , comme participant à
l'autorité ſouveraine, & *ſujets* , comme ſoumis
aux loix de l'Etat. Cette doctrine eſt de M. *Rouſ-*
ſeau (1). De ces deux rapports, il en eſt un qui
s'efface par l'aliénation de la ſouveraineté ; mais
l'autre reſte ; & les ſujets qui ſe font ſoumis
à l'autorité d'un roi , toujours unis, ſoit entre
eux, ſoit avec leur chef, par les liens du Contrat Social , continuent néanmoins à former
l'Etat. Le Corps Politique n'eſt donc pas diſſous.

En un mot, obéiſſance & fidélité de la part
du peuple ; protection & juſtice de la part du
roi ; tels ſont les engagemens reſpectifs de l'un
& de l'autre. Sans cette convention, je ne vois
ni ſujets , ni ſouverain ; mais un deſpote & des
eſclaves : ceux-là ne ſont pas tenus d'obéir ; ils
y ſont forcés ; celui-ci n'a pas le droit de com-

(2) Contrat Social, livre premier, chap. 7.

mander; il l'ufurpe. Cette convention, au contraire, les rend eux & lui, ce qu'ils doivent
être. Elle détermine les rapports qui les uniffent;
& fixant les devoirs de tous ainfi que leurs
droits, elle prévient également la révolte & la
tyrannie. Ah ! fi les deux parties en obfervoient
religieufement les claufes, l'ordre, la paix & le
bonheur régneroient dans les empires.

CHAPITRE III.

Du pouvoir abfolu & limité.

HOBBES ne reconnoît point de fouveraineté limitée. A l'en croire, tout fouverain
eft abfolu, par la raifon qu'il eft fouverain; &
les modifications que l'on voudroit ajouter à
fa puiffance font abolies par la fouveraineté
même dont il eft revêtu. Tel feroit auffi le fentiment de *Machiavel*, fi fon livre du *Prince* étoit
réellement ce qu'il paroît être.

D'autres, au contraire, ennemis irréconci-
liables de l'autorité, s'irritent au feul mot de
fouveraineté *abfolue*, & veulent que la nation

puiſſe, dans tous les temps, fixer arbitrairement des bornes au pouvoir des rois.

Ces deux opinions, outrées l'une & l'autre,
ſont également inconciliables avec l'hiſtoire de
toutes les nations (Il n'en eſt point) qui n'ait
commencé ou fini par avoir des rois ; & ces
rois ne jouiſſoient pas d'une égale autorité. Les
uns faiſoient ſeuls la loi, tenoient ſeuls les
rênes du gouvernement, adminiſtroient au gré
de leur ſageſſe ; choiſiſſoient des conſeils, s'ils
vouloient en avoir, & ſuivoient leurs avis,
s'ils les jugeoient convenables. Les autres étoient
liés, tantôt par des loix conſtitutionnelles qu'ils
devoient ſuivre ; tantôt par un conſeil public,
qu'ils devoient conſulter ; tantôt par le conſentement de la nation, qu'ils devoient obtenir.

Il y eut donc, de tous les temps, des ſouverainetés *abſolues* & des ſouverainetés *limitées* :
diſtinction qui procède du traité fait entre le
ſouverain & l'Etat.

Ce traité, en effet, peut être général ; il peut
renfermer auſſi des cauſes particulières. S'il
oblige ſimplement le monarque à gouverner de
la manière la plus avantageuſe à ſes ſujets, ſon
pouvoir *eſt abſolu*. S'il lui preſcrit des règles
fixes & certaines, ſon pouvoir *eſt limité*.

C'est donc sans raison que le mot de pouvoir *absolu* effarouche les esprits. Pour être absolu, ce pouvoir n'est pas arbitraire. Le prince auquel il a été transmis gouverne selon ses lumières, ne consulte que les conjonctures actuelles, n'est lié par aucun réglement positif ; mais toujours son autorité trouve un frein dans la convention générale qui lui a déféré la couronne. Il peut faire tout ce qu'il veut, pourvu qu'il ne veuille rien de préjudiciable à l'Etat. L'autorité indéfinie de procurer le salut du peuple, & l'autorité indéfinie de le persécuter, n'ont aucun rapport entr'elles.

Lorsque le pouvoir du prince est *limité*, les bornes qui le circonscrivent sont plus ou moins restreintes, plus ou moins étendues, selon que le contrat primitif les a posées. Il sera dit, par exemple, que le prince ne pourra point déclarer la guerre sans y être autorisé par le consentement du peuple, ou percevoir des subsides sans que le peuple les ait approuvés, ou faire exécuter les loix sans que le peuple leur ait donné sa sanction. Quelquefois, la nation établit, pour l'exercice des droits qu'elle s'est réservés, une compagnie dont les membres sont inamovibles ; quelquefois, elle nomme des représentans qu'elle change à des époques déterminées.

En un mot, comme elle est maîtresse de donner ou de retenir la souveraineté, elle peut de même modifier à l'infini la puissance qu'elle transmet au souverain; &, pour savoir quels sont actuellement les droits de l'un, il faut considérer quelle a été, dans le principe, la volonté de l'autre.

Au surplus, si j'ai distingué le pouvoir *absolu* du pouvoir *arbitraire*, c'est que l'exactitude des principes exige cette distinction. Mais je conviendrai volontiers que, dans la pratique, ces deux pouvoirs ne tarderoient pas à se confondre. Le premier entraîneroit bientôt le second; &, pour assurer la liberté des citoyens & la prospérité de l'Etat, le parti le plus sage est de limiter la puissance du souverain.

Mais, remarquez-le bien, quelque limitation que l'on apporte aux droits du sénat, dans une république, ou aux droits du roi, dans une monarchie, il faut néanmoins que l'un & l'autre participent à la législation; sans cela, le gouvernement ne sera ni aristocratique, ni monarchique. Si là France a formé une monarchie depuis son établissement jusqu'à nos jours, c'est que, depuis Pharamont jusqu'à Louis XVI, ses rois, loin d'être bornés au seul pouvoir exécutif, ont toujours rempli, avec plus ou moins

d'étendue, les fonctions de la puissance législative (1).

En effet, il est impossible de supposer, dans
un Etat, deux pouvoirs suprêmes ; autrement
l'Etat auroit deux souverains, ce qui répugne.
Si donc le pouvoir légiflatif & le pouvoir exécutif se trouvent placés dans des mains différentes, il faut nécessairement que l'un des deux
soit subordonné à l'autre ; & sans contredit,
c'est à la puissance légiflative que la supériorité
sera dévolue : car celui qui fait les loix est au-
deffus de celui qui les fait exécuter.

Dans cet ordre des chofes, il est clair que le
gouvernement de l'empire appartiendra ou au

(1) M. l'abbé de Mably, qui a vu l'histoire de
France à travers les préjugés dont son livre *des
Droits et des Devoirs du citoyen* est rempli, prétend
que le gouvernement françois fut long-temps démocratique ; que Clovis lui-même *n'étoit simplement
qu'un général d'armée ;* que la démocratie dégénéra
d'abord en aristocratie, par l'usurpation des grands ;
puis en monarchie, par l'usurpation du prince.
Mais afin d'imprimer cette tache sur la couronne de
nos rois, il a pris, pour la démocratie, qui est le
plus mauvais des gouvernemens, une monarchie
tempérée, qui est le meilleur de tous. Je réfuterois
aisément son système, si cette réfutation entroit dans
le plan de mon ouvrage.

Corps, ou au particulier revêtu de la puiſſance
légiſlative ; il eſt clair que le Corps ou le particulier, dépoſitaire du pouvoir exécutif, ne
ſera que le commis du gouverneur ſuprême. Ce
n'eſt pas l'intendant qui gouverne la maiſon ;
ce n'eſt pas l'huiſſier qui rend la juſtice. La maiſon eſt gouvernée par le maître dont l'intendant
prend les ordres ; la juſtice eſt rendue par le tribunal dont l'huiſſier exécute les arrêts.

La conſervation de l'Etat & ſa proſpérité ;
tel eſt le but du gouvernement. Des loix bien
faites & bien obſervées, tels ſont les moyens qui
y conduiſent. On ne peut donc concevoir le
gouvernement ſans avoir l'idée de ces moyens,
ni le pouvoir de gouverner ſans le pouvoir de
les mettre en uſage. Voulez-vous donc avoir un
gouvernement monarchique ? Faites participer
le monarque à la confection des loix, auſſi bien
qu'à leur exécution. Si c'eſt le roi qui gouverne,
c'eſt donc lui qui doit répondre du ſalut de la
nation. Mais comment pourra-t-il en répondre,
s'il ne prend aucune part aux délibérations con-
cernant l'utilité publique ; s'il eſt étranger aux
moyens que l'on emploie pour la procurer ; s'il
ne peut ni propoſer des réglemens utiles, ni
rejetter des réglemens pernicieux ?

CHAPITRE IV.

Des députés ou représentans.

M. ROUSSEAU infulte, dans l'un de ſes
ouvrages (1), les nations qui ſe donnent des
repréſentans. Il étoit plus juſte, lorſqu'il a dit,
dans ſon diſcours ſur l'Economie politique,
« qu'il faut d'autant moins aſſembler toute la na-
» tion à chaque événement imprévu, qu'il n'eſt
» pas ſûr que ſa déciſion fut l'expreſſion de la vo-
» lonté générale ; que ce moyen, d'ailleurs, eſt
» impraticable dans un grand peuple ». Et ſi
l'aſſemblée d'un grand peuple eſt impraticable,
& s'il n'eſt pas ſûr que ſa déciſion fut toujours
conforme à l'intérêt public, a-t-il rien de mieux
à faire que d'envoyer à ſa place des repréſentans ?

La nature de leurs fonctions & de leur pouvoir
eſt un grand ſujet de diſputer parmi les politiques. Peut-on fixer des limites à leurs mandats ? Sont-ils comptables envers leurs com-

_____

(1) Contrat Social, liv. 3, chap. 15.

mettans ?

mettans ? Leur miffion fe borne-t-elle à porter
les plaintes du peuple aux oreilles du prince ;
ou peuvent-ils faire des loix de concert avec
lui, ou même fans lui ? Pour réfoudre ces queftions, il faut recourir aux principes expliqués
dans le chapitre précédent.

Les repréfentans jouiffent de tous les droits
que la nation pouvoit leur donner, & qu'elle
leur a donnés en effet. Quel droit pouvoit-
elle leur tranfmettre ? Tous ceux qu'elle s'eft
réfervés par les loix conftitutionelles de l'Etat.
Quels droits leur a-t-elle tranfmis ? Tous ceux
que leurs mandats expriment.

M. Rouffeau (1) confeille de limiter les
mandats ; il confeille encore d'affujettir les
mandataires à rendre compte de leur conduite, lorfque leur commiffion eft expirée. Ces
précautions peuvent être fages, mais elles ne
font pas effentielles. Si la conftitution attribue,
à l'affemblée des repréfentans, un pouvoir indéfini, alors leur autorité eft la même que
l'autorité de la nation. Alors ils n'ont aucun
compte à rendre, parce que la conftitution les
en difpenfe. Alors les claufes impératives

_____

(1) Confidérations fur le gouvernement de Pologne.

K

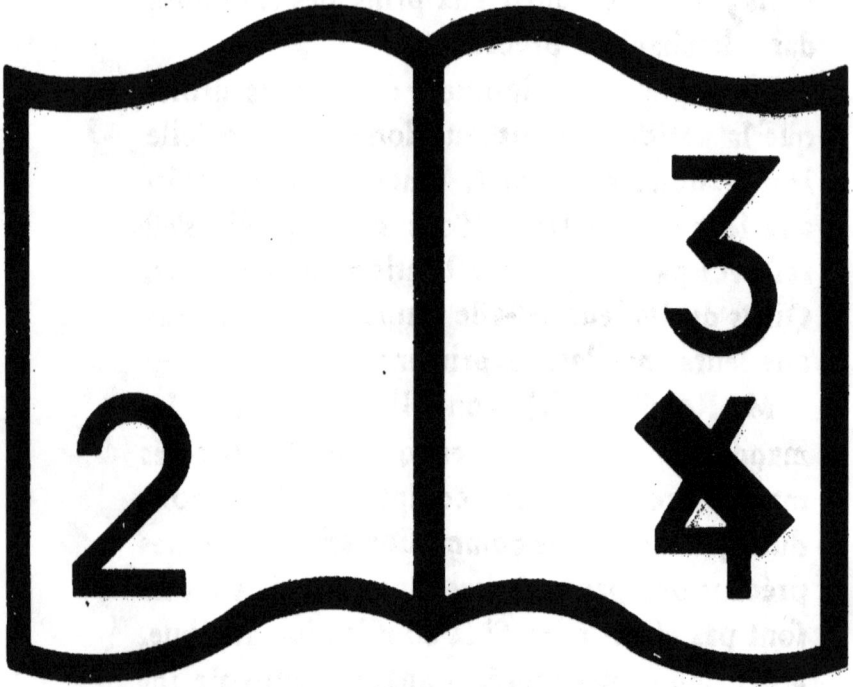

Pagination incorrecte — date incorrecte

NF Z 43-120-12

ajoutées à leurs mandats, feront telles que fi
elles n'étoient pas écrites, parce que la conſtitution les annulle.

Les politiques peuvent donc donner leurs
idées fur le parti le plus avantageux : mais,
quand ils diſputent fur le droit, leurs ſyſtêmes
ſont déraiſonnables : car le droit des repréſentans du peuple, n'eſt pas ce que diſent les politiques, mais ce que le peuple a voulu.

Obſervons toutefois qu'avec tant de différence dans leurs pouvoirs, il eſt impoſſible que
la forme du gouvernement ſoit la même. Pour
juger de ſa nature, dans le cas où le peuple a
des repréſentans perpétuellement aſſemblés, il
faut ſe rappeler ce que j'ai démontré ailleurs (1),
que la ſouveraineté conſiſte dans la réunion de
tous les pouvoirs ; qu'elle n'eſt point inaliénable ; enfin que la forme du gouvernement ſe
détermine, non par l'exercice de la puiſſance
exécutive, mais par l'exercice de la ſouveraineté elle-même.

D'abord, toutes les fois que les repréſentans
de la nation partagent, avec ſon chef, ou tous
les pouvoirs enſemble, ou ſeulement l'un d'entre
eux, le gouvernement eſt *mixte*, comme il eſt

(1) Livre II, chapitre premier, et ſuiv.

mixte auffi dans tous les cas où le Roi ne jouit
pas d'une *puiffance abfolue.*

Mais fi l'autorité des repréfentans du peuple
fe borne à accepter les loix faites par le prince,
fi l'on fuit cette maxime qui fut folemnellement
décrétée fous l'empire de Charlemagne , *lex fit
conflitutione principis & confenfu populi* , dans ce
cas , l'autorité du monarque tient le premier
rang , & par cette raifon le gouvernement eft
monarchique.

Suppofons , au contraire , que les loix foient
faites par le Corps des repréfentans , & que
le monarque foit réduit à la fimple fonction de
les accepter, ou de les fufpendre s'il ne jouit alors
que d'une autorité fubordonnée ; le principal
caractère de la puiffance fouveraine n'eft pas
dans fes mains : le gouvernement obtiendroit
mal à propos le titre de monarchie.

Que fera-t-il donc dans cette hypothèfe ? Il
fera ou une démocratie, ou une ariftocratie
tempérées, felon que le pouvoir des repréfentans aura plus ou moins d'étendue. Lorfque
leurs mandats font limités, ils déclarent la volonté de la nation : ils exercent leur volonté
propre , lorfque leurs mandats font indéfinis.
En reftant foumis aux ordres que la nation leur
a intimés , ils reconnoiffent que fa puiffance

K 2

eſt au-deſſus de la leur : en effaçant les clauſes
impératives qui reſtreignent leur pouvoir, ils
uſent d'une autorité ſupérieure à l'autorité
même de la nation qui les avoit écrites. Simples
miniſtres dans le premier cas, ils deviennent
ſouverains dans le ſecond. Dans l'un, le gouvernement tient principalement de la démocratie, & de l'ariſtocratie dans l'autre. Dans
tous les deux, le prince jouit, en effet, de
quelques attributs de la ſouveraineté : mais ſa
portion eſt ſi inférieure à celle ou du peuple,
ou de ſes repréſentans, qu'il y auroit de l'in-
conféquence à déterminer par elle, la nature du
gouvernement.

CHAPITRE V.

Comment se perpétue la convention entre l'État & le Souverain.

LE contrat qui détermine les obligations res-pectives de l'Etat & du souverain, fut stipulé, non point par les individus qui vivoient alors, mais par le corps moral qui résultoit de leur affemblage ; non point par le Roi , comme per-fonne privée , & pour lui feul , mais au nom du trône où il montoit , & pour tous ceux que la convention primitive y appeloit après lui (1). Or quoique les individus meurent, le corps moral ne périt point. Quoique les rois changent, ils fe fuccèdent fans interruption, en vertu du même titre , & le trône & la monarchie reftent toujours les mêmes. La convention qui fe fit originairement entre le fouverain & l'Etat, eft donc perpétuelle, comme les contractans dont

(1) « Les ancêtres de ceux qui sont à naître ont « stipulé pour eux ; ils ont reçu l'engagement du « peuple en leur faveur ». *Burlamaqui, Principes du Droit Politique,* chap. 5, §. 10.

K 3

elle eſt l'ouvrage. Elle oblige le peuple, tant
qu'il n'eſt pas détruit; elle oblige le trône tant
qu'il n'eſt pas renverſé. Les ſiècles s'accumulent,
& les rapports mutuels du peuple & du roi ſont
tels que le premier jour. Pour les connoître dans
toute leur pureté, il faut toujours remonter
au premier titre qui les forma : il faut y remonter tant qu'il reſte des ſujets appellés à la
couronne, & qu'une révolution légitime n'a
point changé l'ordre primitif des choſes, ſubſ-
titué à l'ancien contrat un contrat nouveau, &
prescrit une autre règle.

CHAPITRE VI.

De la Constitution & des Loix fondamentales.

» LA Constitution, dit Vatel, est le règlement
» fondamental qui détermine la manière dont
» l'autorité publique doit être exercée ; & les
» lois fondamentales sont celles dont le con-
» cours forme la constitution «. Celle-ci est
donc aux autres, telle que le tout par rapport
à ses parties. Ce qui concerne l'organisation du
Corps politique, la nature du gouvernement,
la puissance législative ou exécutive, les règles
qu'elle doit suivre dans l'exercice de ses fonctions, forme le recueil des lois fondamentales ;
& le recueil des lois fondamentales forme à
son tour le code constitutionnel.

On renferme souvent les lois fondamentales
dans la classe *des lois publiques*, sans doute parce
qu'elles ont principalement en vue le bien de
la société. Ce sont-là néanmoins deux espèces
distinctes que l'on auroit tort de confondre.
Elles n'ont ni le même auteur, ni la même nature ; elles ne sont pas soumises à la même
autorité.

K 4

Les lois fondamentales conſtituent l'état ;
les lois publiques le ſuppoſent conſtitué. Les
premières ſont faites par le corps politique de
la nation ; les ſecondes, par le légiſlateur ordinaire. Celles-là concernent l'exiſtence du corps
ſocial ; celles-ci ſe rapportent à ſon bien-être.
Les unes, lorſqu'elles ſont ſaines, fortifient ſa
ſanté & prolongent ſa vie ; les autres, lorſqu'elles ſont bonnes, le rendent plus floriſſant
& plus heureux. On ne peut, ſans le diſſoudre,
altérer les lois fondamentales ; il reſte toujours
le même, quoique les lois publiques ſoient
changées. Enfin, quand le corps politique délibère ſur la forme du gouvernement, quand il
preſcrit des règles ſur l'organiſation, la diſtri-
bution, l'exercice des différens pouvoirs, il
établit les lois fondamentales ; quand le ſouverain donne des règlemens ſur la diſcipline
religieuſe, ſur l'adminiſtration de la juſtice,
ſur la compoſition de l'armée, ſur l'impôt & les
finances, il fait des lois publiques.

On a dit, de nos jours, que *toute ſociété dans
laquelle la ſéparation des pouvoirs n'eſt pas déterminée, n'a point de conſtitution :* c'eſt un para-
doxe qui heurte la doctrine de tous les écrivains
& l'uſage de tous les peuples ; qui n'eſt propre
qu'à porter dans tous les empires le germe de

la révolution qui , depuis trois ans, ravage la
France. En établiſſant le gouvernement ſous
lequel il veut vivre , le c···s politique réunit
ou ſépare les pouvoirs, ſelo··· ·· craint, ou que
leur réunion ne ſoit dangereuſe pour la liberté,
ou que leur ſéparation ne ſoit funeſte à l'ordre
public. Lequel de ces deux partis eſt le plus ſage?
Les ennemis de l'autorité & les partiſans de
l'ordre donnent à ce problême une différente ſolution. Mais il eſt évident qu'avec des pouvoirs
réunis, on aura une conſtitution excellente, ſi
leur uſage eſt tellement réglé par les lois fondamentales, que l'Etat ſoit à l'abri du pouvoir
arbitraire.

CHAPITRE VII.

Comment peut-on connoître la Constitution & les Lois fondamentales d'un Etat ?

HEUREUX les peuples dont les lois fondamentales sont déposées dans un code éternel, où le souverain & les sujets peuvent lire, à chaque instant, leurs droits & leurs devoirs gravés en caractères ineffaçables ! Lorsque la constitution est claire, comment ceux qui commandent, oseroient-ils la transgresser ? Comment ceux qui doivent obéir, oseroient-ils former des projets de révolte, lorsqu'ils savent que l'autorité se conforme aux lois ? Ce sont les doutes, soit réels ou affectés, sur quelques articles de la constitution, qui fournissent des prétextes aux entreprises du trône sur les droits du peuple, ou du peuple sur les prérogatives du trône. Les révolutions commencent par des controverses ; la force les finit.

Mais parce que la constitution n'est pas écrite, prétendre qu'il n'y a point de constitution, c'est un égarement intolérable. Bohémer a raifon de dire qu'il ne faut pas feulement placer au rang des lois fondamentales, celles qui établies par un pacte exprès, font confervées par écrit, mais celles encore qui font atteftées par une ancienne tradition, & par un long ufage (1). Les mêmes principes fe trouvent dans Cumberland. » Comme la première ori-» gine de tous les Etats que nous connoiffons, » eft certainement d'une ancienneté à ne pou-» voir être prouvée par le témoignage des per-» fonnes vivantes, il ne refte, dit-il, d'autre » moyen de favoir leur établiffement & leur » conftitution que par les anciennes lois & » les autres monumens confervés & approuvés » publiquement dans chaque état (2) «.

Ainfi, les lois antiques, les monumens de l'hiftoire, des coutumes invétérées, une tradition conftante fuppléent au défaut d'une charte où les lois fondamentales foient confervées.

(1) *Non tantum illa ad leges fundamentales referenda quæ expresso pacto stabilita, in scriptis conservantur, sed etiam quæ antiquitus constituta, per traditionem constantem ad posteros translata et usu constanti observata fuère, licet certa scriptura non constent.* Bohemer, *manud. ad jus public.* pag. 293.

(2) Cumberland, Lois de la Nature, *discours préliminaire*, pag. 31.

Ce n'eſt pas qu'on doive remonter juſqu'à l'établiſſement primitif des peuples : preſque toujours leur origine eſt enveloppée de ténèbres; & tout ce que l'on ſait de plus certain ſur leurs commencemens, c'eſt qu'alors guerriers & barbares, leur régime étoit de n'en avoir aucun. Il faut donc étudier le moment où après avoir poſé les armes & pris des mœurs, leur gouvernement acquit une forme déterminée, & l'on trouvera leur conſtitution dans l'exécution qu'elle a reçue.

Prenons la France pour exemple, & plaçons-nous à l'époque du mois de Mai 1789. Je dirai : nous n'avons point ni de bulle d'or, comme l'Allemagne, ni de *pacla conventa*, comme la Pologne, ni de grande-charte, comme l'Angleterre, &c. Mais n'avons-nous pas le recueil *des lois antiques*, les ordonnances des Rois de la première & de la ſeconde race, les récès des Etats-généraux tenus ſous la troiſième, un grand nombre d'excellens hiſtoriens ? N'avons-nous pas, ſur la forme du gouvernement, des traditions qui ſe ſont tranſmiſes d'âge en âge, & d'anciennes coutumes dont les traces ne ſont pas entièrement effacées ? Or ſi l'on conſulte, ſans prévention, ces titres, qui ne peuvent tromper, on ſaura que la conſtitution & les

निश्चित

lois fondamentales de l'empire François, consistent dans les articles suivans :

1°. La religion catholique est la religion de l'Etat; les lois n'en protègent aucune autre.

2°. Le gouvernement est monarchique : mais le pouvoir du Roi n'est pas *absolu*; il est *limité*.

3°. La souveraineté toujours agnatique, héréditaire sous la première race, participant de l'hérédité & de l'élection sous la seconde, a formé un majorat sous la troisième.

4°. La nation est divisée en trois ordres distincts, celui du clergé, celui de la noblesse, celui du tiers-état ou des communes.

5°. Ces trois ordres s'assemblent à différentes époques, en états-généraux convoqués par le Roi, composés de trois chambres, formés par des représentans dont les mandats peuvent être impératifs, & qui sont comptables de leur conduite envers leurs commettans.

6°. La puissance législative appartient au Roi : mais nulle loi ne peut être en vigueur, sans avoir été consentie par la nation ou par ses représentans.

7°. Au Roi seul appartiennent aussi le pouvoir exécutif & le pouvoir judiciaire : mais ces deux pouvoirs ne peuvent être exercés que conformément aux lois.

8°. Le motif de l'immunité des fiefs n'exif-
tant plus, celle du clergé & de plufieurs offices
ne pouvant être légitime, tout impôt doit
être également réparti : mais nul impôt ne
peut être perçu fans avoir été accordé par
les repréfentans de la nation, fur la demande
du Roi.

9°. Les parlemens, fubrogés à l'ancienne
Cour-le-Roi, font les dépofitaires des lois & les
miniftres fuprêmes de la juftice. Quand les
Etats-généraux ne font pas affemblés, ils en
rempliffent les fonctions. Alors conféquemment
ils ont le droit de vérifier les lois & les impôts.

Je pourrois ajouter quelques points moins
importans, tels que l'inaliénabilité du domaine
de la couronne, l'inamovibilité des officiers
de magiftratures, la réunion des domaines
particuliers du prince au domaine public. Mais
je ne parle pas des juftices feigneuriales, ni
des droits des fiefs : ces objets font du reffort
du droit civil, public ou privé, plutôt que
du droit politique.

Cette conftitution eft la meilleure de toutes
pour un empire tel que la France. Elle affure
également la tranquillité publique, la liberté
des citoyens, les droits de la propriété. Si

elle étoit tombée dans l'oubli, il falloit en rappeller la mémoire. Si de grands abus avoient vicié plufieurs parties du gouvernement, il falloit les corriger.

CHAPITRE VIII.

Le, Prince eft-il foumis aux Lois ?

C'EST ici le moment d'examiner une queftion que tous les publiciftes ont traitée ; favoir, fi le prince eft foumis aux loix ?

Je ne parle pas des loix *fondamentales*. Comme elles ont été établies par une convention ftipulée entre l'Etat & le fouverain, il eft clair que le fouverain eft affujetti à leur empire.

Il ne s'agit que des loix *civiles*, c'eft-à-dire, des préceptes que le fouverain dicte à fes fujets, pour être la règle de leurs actions & de leurs droits ; pour prefcrire ce qui eft le plus conforme à l'avantage commun ; pour expliquer les principes du droit naturel & les conféquences qui en dérivent ; pour régler la forme des actes & leurs effets, ainfi du refte. On

k

demande fi ces préceptes obligent le fouverain
lui-même.

Il faut diftinguer, dans les loix, deux parties différentes : *la difpofition*, qui ordonne
ou qui défend, & la *fanction*, qui prononce
une peine contre les infracteurs ; ou, fi l'on
veut, la force *directe* & la force *coactive*.

La feconde partie ne peut s'étendre au fouverain. Sa perfonne eft facrée & inviolable.
Il ne doit à fes fujets aucun compte de fa conduite ; nulle autorité n'eft fupérieure à la fienne,
puifque la fienne eft fupérieure à toutes les
autres. Il ne peut donc être ni contraint, ni
puni (1).

Quant à la difpofition de la loi, il eft d'autres règles à fuivre.

Comme chef de la nation, il en eft membre ;
&, à ce titre, il peut avoir, il a fouvent des
relations d'intérêts avec les habitans de fon
empire. Il peut tefter ou être inftitué héritier,
faire ou recevoir des donations, contracter des
obligations envers fes fujets, ou acquérir des
droits fur eux. Dans ce cas, il doit être jugé

_____

(1) Ceci doit s'expliquer par les modifications que
je rapporterai dans le Livre fuivant.

fuivant les règles du droit commun. L'honnêteté l'exige, la droite raifon le perfuade, l'utilité publique, le bon ordre de l'Etat, l'intérêt
de l'exemple en font un devoir. Que Théodofe
& Valentinien ont porté une belle loi, lorfqu'ils ont dit : *digna vox eſt majeſtate regnantis
legibus ſe principem alligatum profiteri* (1) !

Ces motifs agiront avec affez de force fur
le cœur des bons princes. Il eſt une autre
raifon plus puiffante, qui devroit contenir
même les tyrans.

Pourquoi faudroit-il annuller des actes valides, lorfqu'ils font défavantageux au fouverain; valider des actes nuls, lorfqu'ils lui
font profitables; le délier des obligations particulières qui lui font impofées ; éteindre les
droits qui peuvent être exercés contre lui?
Certes, ce n'eſt pas-là la loi qui l'ordonne.
Ce défordre ne pourroit donc être établi que
par la volonté particulière d'un prince injuſte,
qui feroit taire ou parler les loix au gré de
fon intérêt perfonnel. Or, voilà ce que le
pouvoir arbitraire pourroit avoir de plus
odieux.

_____

(1) Livre IV, *Codex de legibus.*

C'est donc une suite naturelle des loix fondamentales & de la convention qui les a tracées,
que toutes les contestations qui s'élèvent entre
le souverain & l'un de ses sujets, doivent être
soumises à la décision des tribunaux ordinaires, & jugées comme les procès des particuliers. Si le prince impose silence aux tribunaux que la loi a érigés, s'il se choisit des
juges que la loi méconnoisse, s'il veut que
l'on suive, en sa faveur, des règles que la loi
réprouve, il exerce une tyrannique autorité.

Fin du quatrième Livre.

ÉLÉMENS

ÉLÉMENS

DU

DROIT POLITIQUE.

LIVRE V.

CHAPITRE PREMIER.

SUJET DE CE LIVRE.

IL eſt hors de doute qu'un peuple, qui, juſqu'alors, s'eſt gouverné lui-même, peut ſubſti-
tuer à la démocratie un gouvernement ariſto-
cratique ou monarchique. Cette innovation ne

L

blesse point les intérêts d'un tiers. Chacun sait
d'ailleurs, que, si la famille régnante vient à
s'éteindre, la souveraineté, toute entière,
rentre dans les mains du peuple, & qu'alors,
il est libre au peuple, ou de la retenir, ou d'en
disposer de la manière qui lui paroît la plus
avantageuse. Il est également certain que la nation, de concert avec le sénat ou le roi, a la
liberté d'abolir sa constitution, & d'en établir
une autre. Pourquoi les parties, qui ont fait le
contrat, ne pourroient-elles pas en changer les
clauses?

Mais, le roi peut-il, comme suprême législateur, déroger aux loix fondamentales? Les atteintes, qu'il leur auroit portées, deviennent-
elles du moins légitimes par la prescription?
Le consentement tacite du peuple, qui les endure, leur donne-t-il une valeur qu'elles n'a-
voient pas dans le principe? Chaque citoyen
a-t-il le droit de se soulever contre une forme
de gouvernement qui lui paroît mauvaise? Est-
il du moins permis à la nation de se donner,
malgré son souverain, une constitution nouvelle? Toutes ces questions, qui ont partagé
les politiques, présenteront peu de difficultés,
si on les discute sans prévention, & qu'on s'at-
tache aux vrais principes.

CHAPITRE II.

Le roi ne peut pas changer les loix fondamentales.

LES loix civiles, qui ont pour objet immédiat le bien des particuliers, les loix publiques, qui concernent directement l'intérêt de l'Etat, font soumises à la puissance du roi, dans les gouvernemens monarchiques, ou du sénat, dans les aristocratique. Il les fait, les abroge, les change au gré de la sagesse & des conjonctures.

Mais les loix fondamentales ne font point de son ressort. Ce n'est pas lui qui les a dictées ; il les a reçues lui-même de la nation ; elles font partie du contrat qui lui a déféré la souveraineté, & lui imposent, par cette raison, des liens qu'il ne peut rompre.

Les loix fondamentales n'ont été faites que pour donner des bornes à l'autorité des rois. Elles font des digues élevées contre les entreprises du pouvoir arbitraire, un rempart qui protège la liberté des individus & les droits du peuple. Si donc le prince entreprend d'y déroger,

L 2

il veut étendre son autorité au-delà de ses limites, & s'approprier une partie des droits que
la nation s'est réservés; alors, il devient un usurpateur, & il fait un acte non pas de souveraineté, mais de despotisme.

CHAPITRE III.

*Que les entreprises du roi, sur les loix fondamen-
tales, ne peuvent pas être légitimées par la prescription.*

SI l'autorité, dédaignant toute mesure, fran-
chissoit subitement ses limites, à l'instant l'o-
pinion publique se souleveroit de toutes parts;
la volonté générale s'exprimeroit avec énergie;
la tyrannie intimidée renonceroit à ses projets,
& la liberté publique seroit sauvée.

C'est contre les attaques sourdes & lentes que
le peuple ne sait pas défendre ses droits. De
légères usurpations échappent à ses regards dis-
traits. Elles acquièrent, avec le temps, un ac-
croissement insensible pour lui; elles ne le
frappent enfin que par l'excès intolérable de
leurs progrès. Alors, la prescription, qui, si

souvent, enrichit un ravisseur des dépouilles du légitime propriétaire, aura-t-elle changé la constitution de l'Etat ? ou bien la nation, armée d'antiques monumens, pourra-t-elle réclamer ses loix fondamentales ? Elle le pourra sans doute.

Je ne dirai pas que la possession est inefficace, lorsqu'elle n'a pour fondement que l'artifice & l'abus d'autorité, d'une part, l'ignorance & la foiblesse de l'autre. Je ne rappellerai pas cet axiôme des jurisconsultes : *nul ne prescrit contre son titre.* Il est, en cette matière, des règles d'un ordre plus relevé.

Les loix politiques & les loix civiles diffèrent essentiellement, & dans leur origine, & dans leur objet. Les unes ont été prescrites par la nation au souverain qu'elle établissoit ; les autres, aux sujets, par le souverain que la nation a établi. Celles-là se proposent d'assurer la liberté des citoyens ; celles-ci, leur propriété ; &, dès que le droit politique & le droit civil n'ont entr'eux aucun rapport, il seroit donc absurde de décider, par les principes de l'un des deux, les questions qui appartiennent exclusivement à l'autre. On a vû plus haut la règle tracée, à ce sujet, par M. de Montesquieu : *il ne faut pas décider par les règles du droit*

L 3

civil, *quand il s'agit de décider par les règles du droit politique.* Or, il est évident que tout ce qui concerne la conſtitution de l'Etat fait partie du droit politique ; il eſt évident auſſi que les loix qui traitent de la preſcription, ſont partie du droit civil. C'en eſt aſſez pour détruire l'erreur des publiciſtes qui allèguent la preſcription en faveur des rois, contre les peuples,

CHAPITRE IV.

Que les uſurpations des princes ne peuvent pas être légitimées par le prétendu conſentement tacite des peuples,

Pour légitimer les uſurpations faites par l'au-torité, au préjudice des loix fondamentales, on ſe prévaut encore du conſentement tacite de la nation. Je ne crois pas qu'on puiſſe rien allé-guer de plus déraiſonnable. Souvent, le peuple ignore l'uſurpation ; s'il la connoît, il peut la tolérer par crainte, par foibleſſe, par indo-lence ; mais on ne doit pas préſumer qu'il l'ap-prouve. On ne préſume pas qu'une nation re-nonce à ſes prérogatives ; qu'elle conſente à

une injuftice manifefte ; qu'elle abandonne fa
conftitution, & s'ennuie de fa liberté. Au moins,
fon confentement ne dureroit pas plus que fon
filence, &, pour recouvrer fes droits, elle n'auroit qu'à fortir de fa létargie.

Veut-on fuppofer toutefois un confentement
libre & éclairé ? Je dis qu'on ne doit pas l'é-
tendre au-delà de fon objet ; qu'on ne doit pas
en tirer des inductions qu'il n'avoit point en
vue.

Une monarchie s'établit d'elle-même dans un
peuple au berceau ; elle prend une forme conftante ; elle fe foutient fans violence comme
fans réclamation : voilà des faits qui mani-
feftent un confentement tacite ; & ce confentement forme la conftitution, parce qu'il ne peut
avoir un autre but que celui de la former.

Le chef d'un peuple, dont la conftitution eft
établie depuis long-temps, fait des loix qu'il
n'a pas le droit de faire. Néanmoins le peuple
les exécute ; voilà encore des faits qui an-
noncent un confentement tacite. Mais, ce confentement ne déroge pas à la conftitution, parce
qu'il n'avoit pas pour but d'y déroger. Le peuple
vouloit confirmer des loix qui étoient fans
force, & leur donner, en les exécutant, l'autorité dont elles manquoient. Mais il ne vou-

loit pas revêtir celui qui les a faites fans pouvoir, du pouvoir d'en faire d'autres à l'avenir.

Il eft donc vrai quelquefois, felon les termes
de M. Rouffeau, *que du filence univerfel on
doit préfumer le confentement tacite du peuple ;* mais
il eft toujours faux que les ufurpations, dont
le gouvernement fe rend coupable, puiffent
être autorifées à jamais par ce filence univerfel.

CHAPITRE V.

*Chaque citoyen a-t-il le droit de fe foulever contre
la forme du gouvernement, lorfqu'il la juge vicieufe ?*

ON eft révolté de l'excès où l'abbé de
Mably (1) & fes profélytes nombreux ont porté
le délire, fur ce point de droit politique. Selon
lui, non-feulement la nation, mais tout citoyen doit s'ériger en juge & du gouvernement
& des loix. Si une loi lui paroît vicieufe, il
doit travailler à la détruire ; il doit employer
tout fon zèle, toutes fes forces, tout lui-même

---

(1) Droits et devoirs du citoyen.

à renverfer l'ancien gouvernement, s'il en connoît un autre plus avantageux ; doctrine abomi-
nable qui n'eſt propre qu'à tourmenter les empires par de continuels bouleverfemens.

Cette claffe de citoyens, qu'on appelle le
peuple (1), eſt fans doute la portion de l'Etat la
plus précieufe ; elle en fait la richeffe & la vigueur ; elle mérite tous les foins du gouvernement. Mais le peuple domine par le nombre,
& c'eſt lui qui fe rendra le maître, toutes les
fois que les liens de la fubordination feront
rompus ; & toutes les fois qu'il fe rendra le
maître, le trouble ravagera la fociété.

Pour apprendre à le connoître, qu'on inter-
roge l'expérience de tous les temps. Avide de
nouveautés, mécontent de fon état, inquiet &
jaloux, il voudroit toujours être autre chofe
que ce qu'il eſt. Avec l'intrigue, on le féduit ;

_____

(1) Ce terme est équivoque : quelquefois, il renferme la collection de tous les hommes qui vivent
dans un même pays, et sous les mêmes loix ; le *Peuple
François*, par exemple : c'est dans ce sens que je l'ai
employé jusqu'ici ; quelquefois, il ne fignifie que la
partie la moins confidérable des habitans, par fa
fortune, par fon état, par fa naiſſance ; et c'est la
fignification que je lui donne dans ce chapitre.

avec les paſſions, on le gouverne; avec l'or, on le corrompt ; il eſt ouvert de toute part à tous les genres de fraude. Ne reſpirant que l'indé- pendance, on le trouve toujours prêt à ſe ſou- lever contre l'autorité légitime. Incapable d'ac- quérir une exacte notion des choſes morales, il confond la liberté avec la licence, l'égalité avec le déſordre, le bien avec le mal. Les ſot- tiſes d'un charlatan le charment; les leçons d'un ſage le rebutent. Montrez-lui le flambeau de la raiſon, il ne vous ſuivra pas ; allumez les torches de l'anarchie, il accourra en foule. Ce n'eſt pas du droit de faire la loi qu'il eſt em- preſſé, mais du droit de n'en point ſuivre ; & s'il n'exiſtoit point de puiſſance exécutive, il donneroit volontiers le pouvoir légiſlatif à qui voudroit le prendre. Tel eſt le peuple.

Que l'on ſoit donc bien imbu des maximes de nos philoſophes ; que chaque citoyen ſe faſſe un devoir de changer la forme du gouverne- ment, lorſqu'il en imagine une meilleure ; que les mécontens, les ambitieux, les brouillons, cette vermine dont les empires ſont toujours infectés, viennent enſuite échauffer le peuple par leurs écrits, le ſoulever par leurs ma- nœuvres ; alors, on vivra continuellement au milieu des factions, des tumultes ; des maſ-

facres; l'anarchie deviendra l'état permanent
de la société, & il vaudra mieux habiter avec
les ours qu'avec les hommes.

Je fais que les philofophes rient de ces ter-
reurs, vaines à leurs yeux. Ils trouvent des
motifs de tranquillité dans la force de l'habitude. Ils jugent de l'avenir par le paffé ; & comme l'hiftoire ne leur montre pas des peuples
qui foient tombés dans l'anarchie, à force de
changer la forme de leur gouvernement, ils ne
craignent pas que le droit, que l'obligation de
la changer, produifent jamais l'anarchie.

Les beaux raifonnemens ! Ils ne voient pas
que, fi les anciens peuples étoient attachés à
leurs coutumes, c'eft que la philofophie ne dé-
truifoit pas en eux l'habitude de les refpecter ;
que fi jamais l'inftabilité du gouvernement n'a
été la caufe de l'anarchie, c'eft que jamais on
n'avoit fait, à chaque citoyen, un devoir de
le détruire, lorfqu'il le juge vicieux. Faut-il
s'étonner que nos philofophes ne trouvent pas,
dans l'hiftoire, de fréquens exemples des maux
dont leur doctrine doit être la fource ?

Je fais encore qu'ils ont la prétention d'é-
clairer le peuple, de lui faire connoître fes
devoirs en même temps que fes droits, de le
contenir dans de juftes bornes, ou de l'y ra-

mener du moins , après l'en avoir fait fortir.
Mais , cette prétention eft la plus infigne de
leurs folies. Socrate & Platon , Cicéron & Sé-
nèque valoient bien , je crois , les fages de nos
jours. Voyez ce que fut le peuple d'Athènes &
de Rome , fous le règne de ces philofophes fameux. Voyez ce qu'il eft en France ; dans ce
fiècle fi vanté pour fes lumières. Ce ne font pas
les écrits des philofophes qui donnent au peuple
de la raifon ; c'eft le pouvoir exécutif.

D'ailleurs , quand on a l'art de répandre fur
les hommes l'efprit de modération & de juftice,
ne vaut-il pas mieux inftruire ceux qui gouvernent , à bien ufer de leur pouvoir , que
d'apprendre au peuple l'art de la révolte , fous
prétexte qu'ils en ufent mal ? Philofophes , qui
vous vantez de ce merveilleux talent , fi vous
n'êtes pas fûrs de votre fecret , gardez-vous de
foulever le peuple ; vous feriez fon malheur &
celui du monde. Si vous en êtes affûrés , ef-
fayez-le donc fûr les rois , fur les grands. L'entreprife fera plus belle ; elle fera plus utile,
même au peuple : car , ce qu'il faut pour le
rendre heureux , ce n'eft pas qu'il gouverne,
mais qu'il foit bien gouverné. Par le Contrat
Social , chaque individu s'impofe l'engagement
d'être foumis à l'autorité que la nation a établie,

que la nation reconnoît. Cet engagement forme la base de la société civile ; elle ne peut exister, elle ne peut se concevoir sans cela. Ainsi, tant que la nation obéit, chaque individu doit obéir, à son exemple : vouloir juger l'autorité, c'est vouloir s'y soustraire.

Je ne puis mieux terminer ce chapitre, qu'en rapportant un beau passage de Vatel :

« S'il arrive qu'une nation soit mécontente
» de l'administration publique, elle peut y
» mettre ordre, & réformer le gouvernement.
» Mais, prenez garde que je dis la *nation* ; car
» je suis loin de vouloir autoriser quelques
» brouillons, ou quelques mécontens à trou-
» bler ceux qui gouvernent, en excitant des
» murmures & des séditions. C'est uniquement
» le Corps de la nation qui a droit de réprimer
» des conducteurs qui abusent de leur pouvoir.
» Quand la nation se tait & obéit, elle est
» censée approuver la conduite des supérieurs,
» ou, au moins, la trouver supportable ; &
» il n'appartient pas à un petit nombre de ci-
» toyens de mettre l'Etat en péril, sous pré-
» texte de le réformer (1) ».

_____

(1) Traité du droit des gens, livre premier, chap. 3, §. 32.

Cette doctrine est aussi sage que les principes de l'abbé de Mably sont insensés.

CHAPITRE VI.

La nation ne peut pas changer, malgré le souverain, la forme du gouvernement.

J'AY retracé ailleurs (1) les maux que toute révolution entraîne à sa suite. Mais je n'ai parlé que du fait; il faut présentement examiner le point de droit.

D'abord, évitons les équivoques. Je ne conteste pas à la nation assemblée, par elle-même, ou par les représentans, le pouvoir de reformer le gouvernement, lorsque des abus s'y sont introduits; de ramener la constitution à sa pureté primitive, lorsque des taches l'ont souillée. Loin de lui disputer cette autorité incontestable, je l'ai reconnue plus d'une fois dans cet écrit; & si je le répete encore, c'est pour me prémunir contre l'abus que l'on pourroit faire de mes principes.

---

(1) Livre 2, chap. dernier.

Je demande donc si la nation a le droit absolu, non-seulement de réformer le gouvernement, mais de changer la constitution ? Si elle
peut, sans l'autorité du prince qui la gouverne,
si elle peut, par le seul effet de sa volonté,
convertir un État monarchique en un État aristocratique ou populaire ? Non, elle ne jouit pas
de cette autorité.

Je connois la distinction faite par quelques
politiques entre la souveraineté *réelle*, qui ne
sort jamais des mains de la nation, & la souveraineté *actuelle* qu'elle transmet au sénat ou au
roi. Mais je n'y vois qu'un galimathias métaphysique où la raison se perd. Que veut-on dire
avec cette souveraineté que le peuple transmet
& conserve ; avec ce souverain qui a un autre
souverain au-dessus de lui ; avec cette réunion
d'idées incompatibles ? « Il est ridicule de pré-
» tendre, ce sont les termes de *Burlamaqui* (1),
» que même, après qu'un peuple a déféré la
» souveraine autorité à un roi, il demeure
» pourtant en possession de cette même auto-
» rité, supérieure au roi même ».

Aussi, M. Rousseau, réjettant cette distinc-

_____

(1) Principes du Droit politique, chap. 7, §. 13.

tion contradictoire, a vu que, pour défendre la cause des peuples contre les rois, il falloit soutenir que la souveraineté est inaliénable, & qu'il ne se fait point de contrat entre le peuple & le prince. Vraiment, si ces principes étoient exacts, l'on ne pourroit nier les conséquences qu'il en déduit : savoir, que le peuple tient dans sa main la destinée des rois; qu'il peut, à son choix, ou les renverser du trône, ou permettre qu'ils y restent assis ; qu'il lui est libre de changer la forme du gouvernement, comme au propriétaire, la forme de son héritage (1).

Mais, j'ai prouvé, d'une part, que la souveraineté n'est point inaliénable (2); & je ne crois pas que des doutes puissent obscurcir encore cette incontestable vérité. Or, si le peuple a transmis la puissance suprême, il n'est donc pas supérieur à ceux qui la possèdent. *Dès qu'un peuple a transféré son droit au souverain*, dit en-

_____

(1) Contrat Social, liv. 3, chap. 16.

(2) C'est à regret que je suis forcé de répéter les mêmes principes, lorsqu'ils servent à résoudre des questions différentes, ou à réfuter de nouvelles erreurs. Ces redites sont moins ma faute que celle de la matière.

core

tore Burlamaqui, *on ne fauroit fuppofer, fans
contradiction, qu'il en refte le maître*. Et fi le peuple
n'eft pas fupérieur à ceux qui poſsèdent la puiſ-
fançe fuprême, à quel titre, de quel droit póur-
roit-il les en dépouiller ?

J'ai prouvé, d'autre part, qu'il ſe fait une
convention réciproque entre le peuple qui tranſ-
fère la ſouveraineté & le prince qui la reçoit.
Et fi le prince eft lié envers le ſouverain par une
convention réciproque, il ne lui eft donc pas
permis de la rompre au gré de ſes caprices.
Quel contrat feroit celui-ci ? Nous promettons
à vous & à vos deſcendans obéiſſance & fidélité ; mais nous ferons déſobéiſſans & infidèles,
quand il nous plaira de l'être. Nous inveſtiſſons
de la ſouveraineté vous & les vôtres; mais
nous la reprendrons, quand il nous plaira de
la reprendre.

Le mandant, dit-on, conſerve la libre faculté de révoquer ſon mandat. Sans doute ;
mais, quelle comparaiſon ! Eſt-ce que le mandat donne quelque pouvoir au mandataire fur
la perſonne du commettant ? Ou fi la nation
ne confère aucune autorité fur elle au ſouverain qu'elle établit, ce ſouverain n'eft donc pas
un ſouverain ? ou fi elle peut ſe jouer fans

M

peine de l'autorité qu'elle lui a transmise, cette autorité n'est donc pas une autorité.

Je conçois bien qu'en conférant un pouvoir sur des tiers, on reste au-dessus de celui à qui on le confère. Tel est le roi, par rapport aux magistrats. Mai, celui qui établit quelqu'un au-dessus de soi, qui lui confère sur soi-même tout le pouvoir dont il étoit revêtu, qui se met enfin sous son autorité, n'est pas l'égal, bien moins encore le supérieur de la puissance à laquelle il s'est soumis ; telle est la nation à l'égard de son roi. En politique, tout principe pernicieux est nécessairement un principe faux. Et combien n'est-il pas funeste, ce système, qui, ne faisant des rois que de simples ministres révocables à la volonté du peuple, prive les gouvernemens de cette stabilité qui en fait la force, & livre l'Etat à des convulsions inévitables & meurtrières !

M. Rousseau a été frappé de ces inconvéniens ; &, pour les prévenir, il avertit « qu'il ne faut
» jamais toucher au gouvernement établi,
» que lorsqu'il devient incompatible avec le
» bien public ; . . . . qu'on ne sauroit, en pa-
» reil cas, observer avec trop de soin toutes
» les formalités requises, pour distinguer un
» acte régulier & légitime d'un tumulte sédi-

» tieux ; & à la volonté de tout un peuple, des cla-
» meurs d'une faction (1) ». Ce conseil est sage ;
mais, comment se persuader qu'il sera religieu-
sement suivi ?

Quand les nations savent qu'elles sont soumises à l'autorité qui les gouverne, elles n'en-
treprennent pas d'en secouer le joug. L'injustice
d'un tel projet les en détourne autant que ses
difficultés ; &, comme tout contribue alors à
les retenir dans le devoir, les insurrections sont
rares & faciles à réprimer.

Mais, quand on leur dit que les rois sont
dans leur dépendance ; qu'elles peuvent les établir, les destituer au gré de leur fantaisie ; que
de hardiesse l'on donne aux mécontens ! que
d'espoir à l'ambition, que de matière à l'intrigue ! Il faut donc s'attendre alors à voir les
empires continuellement troublés *par des tumultes séditieux, par les clameurs des factions ;*
où ne laisser sur la terre que des peuples sages,
qui sachent régler l'exercice de leurs droits sur
les maximes d'une saine politique ; user des plus
dangereuses prérogatives, sans en abuser jamais ;
respecter le trône, pouvant le renverser ; obéir

_____

(1) Contrat Social, liv. 3, chap. 18.

M 2

à l'autorité, pouvant s'y souftraire ; refifter à toutes les paffions, étouffer toutes les voix féditieufes. . . . Mais alors, on n'aura plus befoin de gouvernement ; la fageffe du genre humain le conduira bien toute feule.

.M. Rouffeau a dit dans fon *Difcours fur l'origine & les fondemens de l'inégalité parmi les hommes,* « .que les diffenfions affreufes, les défordres in- » finis qu'entraîneroit néceffairement ce dan- » gereux pouvoir (le droit du peuple de re- » noncer à la dépendance.), montrent plus que » toute autre chofe, combien les gouvernemens » humains avoient befoin d'une bafe plus folide » que la feule raifon, & combien il étoit né- » ceffaire au repos public, que la volonté di- » vine intervînt, pour donner à l'autorité fou- » veraine un caractère facré & inviolable, qui » ôtât aux fujets le funefte droit d'en difpofer. » Quand la religion, ajoute-t-il, n'auroit fait » que ce bien aux hommes, c'en feroit affez » pour qu'ils duffent tous la chérir & l'adopter, » puifqu'elle épargne encore plus de fang que » le fanatifme n'en fait couler (1) ».

_____

(1) Voilà une belle réponfe aux chapitres 16 et 18 du troifième livre du *Contrat Social*, et au der-

Admirons la logique de nos doCteurs modernes.

Le gouvernement, difent-ils, a été fondé par
le peuple & pour lui. Le peuple conferve le
droit de vouloir fon bien & de le faire ; & ils
infèrent de ces principes qu'il eft permis au
peuple de reftreindre, à fon gré, les pouvoirs
du monarque, quand ce pouvoir lui paroît
trop étendu, ou d'abolir la monarchie, quand
la monarchie lui déplaît.

Je pourrois leur répondre, d'abord, que le roi
fait partie du peuple, qu'il eft le chef de la nation ; que fon fuffrage doit au moins être mis
dans la balance ; que, d'ailleurs, le vœu du

---

nier chapitre du cinquième livre. Il faut lire, sur
cette matière, le Discours prononcé par M. l'abbé
Maury à la tribune de l'assemblée nationale, le 20
novembre 1790, au sujet de la souveraineté d'Avi-
gnon. « Toute cette doctrine insurgente, qui auto-
» rise et provoque l'indépendance, est un attentat
» contre le peuple lui-même, parce qu'elle ne peut
» engendrer dans le cœur des rois, que la méfiance,
» le despotisme et la tyrannie ». En effet, le plus
sûr moyen de prémunir le peuple contre les erreurs
qui le flattent, c'est de lui montrer qu'elles sont
contraires à ses intérêts.

M 3

peuple, s'il n'est pas impossible à connoître, ne
peut, du moins, être connu sans incertitude ;
que, dans les temps de trouble, les gens de bien
sont épars & muets, tandis que les hommes
violens se rassemblent & crient ; qu'ainsi, l'on
risque toujours de confondre des clameurs séditieuses avec la voix publique, & de prendre
les fantaisies de la multitude pour la volonté de
la nation.

Mais, c'est leur propre doctrine que je veux
leur opposer, & en tirer des conséquences plus
exactes que les leurs.

A quelle fin les rois sont-ils élevés sur les
trônes ? Pour maintenir la tranquillité publique,
veiller à la sûreté des personnes, protéger les
droits de la propriété, assurer l'empire des
loix, rendre l'Etat florissant & heureux. Ce
n'est pas pour eux qu'ils règnent ; c'est pour
leurs sujets. Telles sont les maximes des ennemis de la royauté, &, au moins une fois, leurs
maximes sont justes.

Le premier droit, ou plutôt le devoir le plus
sacré des rois, est donc de s'opposer à toute innovation contraire au bien public ; & conséquemment d'examiner si les changemens que
l'on propose dans la constitution de l'Etat, sont
utiles ou préjudiciables ; si le peuple ne court

point à fa perte, fous prétexte de chercher fon avantage; s'il n'eft pas féduit par fon inconf-tance, égaré par fes paffions, trompé par des charlatans, entraîné par des factieux; s'il ne fert pas d'inftrument, fans le favoir, à la fu-reur de quelques fanatiques, à la vengeance de quelques mécontens, à l'orgueil de quelques ambitieux, aux projets de quelques fcélérats, aux complots de quelques confpirateurs,

Affurément, il pourroit fe faire que le nou-veau gouvernement qu'on voudroit élever fur les ruines de l'ancien, manquant de principes & d'enfemble, enchaînant la force publique, dépofant l'autorité entre les mains de ceux qui ont le moins de lumières & le plus de paffions, établît le règne de la licence & de l'anarchie, mît la nation fous le joug de la multitude, en-traînât l'empire à une ruine certaine. Et le roi devroit le fouffrir! & la puiffance qu'il a reçue pour le falut du peuple difparoîtroit comme une ombre vaine, en préfence des tyrans qui vou-droient écrafer la patrie fous les débris du trône renverfé! Mais, quand les matelots conduifent le vaiffeau fur des écueils, le pilote n'a-t-il pas le droit de s'oppofer à cette manœuvre fatale? Quand un infenfé va fe jetter dans un préci-pice, fon tuteur n'a-t-il pas le droit de le re-

M 4

tenir ? Ou les rois ne font rien fur la terre ; ou les révolutions ne peuvent être légitimes fans leur autorité.

CHAPITRE VII.

Explication d'un paffage de Vatel.

Toutefois, on trouve dans *Vatel*, l'un des plus fages publiciftes, un paffage que l'on pourroit m'objecter, mais qui s'explique aifément. *Vatel* dit que, *fi la nation fe trouve mal de fa conftitution, elle eft en droit de la changer* (1).

Si l'on prenoit cette décifion dans le fens qu'elle préfente, lorfqu'elle eft ifolée, *Vatel* auroit donc, en cette matière, la même opinion que Rouffeau ; & il feroit fort étonnant qu'avec des principes fi contraires, ces deux auteurs euffent été conduits à la même conféquence. *Rouffeau* penfoit que la fouveraineté eft inaliénable : *Vatel* enfeigne qu'elle peut s'aliéner. Selon *Rouffeau*, l'inftitution du gouvernement n'eft point un contrat ; felon *Vatel*, le peuple

(1) Droit des gens, liv. premier, chap. 3, §. 33.

& le roi font liés l'un envers l'autre par des engagemens facrés. Le fyftême de *Rouffeau* tombe avec les principes qui lui fervent de fondement ; *Vatel* n'étoit pas affez inconféquent pour établir un fyftême contraire à fes propres principes.

Mais le texte, que je viens de tranfcrire, eft tiré du chapitre I I I, où l'auteur traite de *la Conftitution de l'Etat , des Droits & des Devoirs de la Nation à cet égard ;* & dans ce chapitre , il fuppofe que la nation n'ait point aliéné la puiffance fouveraine.

Il parle , dans le chapitre fuivant , *du fouverain & de fes obligations & de fes droits ;* & là , il établit (1) que la nation ne peut fe fouftraire à l'obéiffance du fouverain qui règne fur elle , que pour les caufes dont je donnerai l'explication dans un moment (2). *Vatel* eft donc loin de croire que la nation puiffe changer, à fon gré, la forme du gouvernement, lorfque la fouveraineté eft fortie de fes mains.

_____

(1) §. 51.

2 Chap. 9, §. 2.

CHAPITRE VIII.

SUITE.

LE grand argument des républicains eſt de dire que la nation peut faire tout ce que ſon avantage exige. Ils concluent de-là que, ſi le changement de la conſtitution eſt avantageux pour elle, il lui eſt permis de la changer.

Vain prétexte, qui ſervira toujours de voile aux conſpirations des novateurs ! Quand ils voudront ſoulever le peuple contre le gouvernement établi, ils ne diront pas que des mécontentemens particuliers, qu'une ambition effrénée, que des vues criminelles les animent. Ils diront que c'eſt l'amour de la patrie qui les enflamme; que c'eſt le bien du peuple qu'ils deſirent; que c'eſt pour ſa liberté qu'ils travaillent; &, trompant la multitude par de fauſſes apparences, ils lui feront toujours accroire qu'une autre conſtitution vaudra mieux pour elle (1).

---

(1) Cæterùm, libertas et speciosa nomina prætexuntur; nec quisquam alienum servitium et dominationem

Ici, le temps eſt un grand maître, un maître bien plus ſûr que les théories philoſophiques & les opinions populaires. Ne dites pas comme *Needham* (1) ; *le peuple eſt le ſeul juge compétent de la protection que mérite, ou non, le gouvernement établi ;* mais, pour ſavoir ſi le gouvernement établi eſt bon ou mauvais, conſultez l'expérience. Quand pluſieurs ſiècles ont vu l'Etat croître & proſpérer, à la faveur de ſon antique conſtitution, jamais le bien public ne peut exiger qu'on la renverſe. Je ſuppoſe que le gouvernement monarchique l'ait rendu floriſſant & heureux ; qui me perſuadera que le gouvernement populaire lui convient d'avantage ? Quel motif pourroit autoriſer à faire le périlleux eſſai d'une nouvelle forme, qui n'auroit pour garant, que des émotions populaires, ou des ſpéculations philoſophiques ? Qui oſera préférer ſa foible raiſon aux oracles prononcés par le temps ?

L'Etat, direz-vous, eſt déchu de ſon ancienne

ſibi concupivit, ut non eadem iſta vocabula uſurparet. TACITE, *hiſt., lib.* 4., *cap.* 73.

(1) *De l'excellence d'un Etat libre,* traduit de l'anglois par le chevalier d'Eon.

splendeur. Eh bien, ce n'est pas à sa conftitution qu'il faut s'en prendre, mais aux altéra-
tions qu'elle a fubiés ; & , ce que le bien public
exige, dans ce cas, c'est qu'on repare l'édifice,
& non pas qu'on le renverfe. Le Corps Social
a fes maladies ; ne fait-on le guérir qu'en le
déchirant ? *Corrigez, s'il fe peut, les abus de votre
conftitution*, difoit Roufseau aux Polonois; *mais
ne méprifez pas celle qui vous a fait ce que vous
êtes.*

CHAPITRE IX.

Du droit de réfiftance à l'oppreffion.

QUAND des factieux, ufurpant l'autorité fuprême, répandent dans l'Etat le trouble & la
défolation, c'est un devoir pour les amis de la
patrie, de voler à fa défenfe, & de la fauver.
Mais, peut-on réfister à l'autorité légitime,
lorfqu'elle abufe de fes droits ? Cette queftion,
fi délicate, peut être confidérée, ou par rapport aux particuliers, ou par rapport à la nation.

PARAGRAPHE PREMIER.

Du droit de résistance, par rapport aux particuliers.

LE droit de résistance, envisagé sous ce point de vue, est de deux sortes : la résistance *passive*, qui consiste dans le refus d'obéir ; la résistance *active*, qui oppose la force à l'oppression.

Quant à la résistance *passive*, elle est quelquefois un devoir. Les rois, élevés au-dessus des mortels, sont soumis cependant aux loix de la nature, parce qu'ils sont hommes, & aux loix de Dieu, parce qu'il est le roi des rois. Si donc ils commandent ce que la loi naturelle ou la loi divine défendent, leurs ordres sont sans force, & le sujet qui les reçoit ne peut les exécuter sans crime. Ces braves gouverneurs, qui ne voulurent pas faire exécuter ; dans leurs provinces, le massacre de la *Saint-Barthelemy*, ont acquis des droits éternels à la reconnoissance de tous les peuples policés.

En ce qui concerne la résistance *active*, elle est permise dans l'état de nature. Dans cet état, l'homme n'a que sa raison pour juge de ses

droits; il n'a que ses forces personnelles pour se défendre contre l'injustice. Dans l'état civil, au contraire, c'est l'assistance des loix qu'il faut implorer contre l'abus de l'autorité ou de la force; &, s'il est un citoyen que les loix abandonnent, il doit tenir une conduite qui le mette dans le cas de dire comme *Rousseau* : « j'ai pré-
» féré l'exil perpétuel de ma patrie; j'ai renoncé
» à tout, même à l'espérance, plutôt que d'ex-
» poser la tranquillité publique (1) ».

On dira que l'homme, en entrant dans une société civile, n'a pas renoncé au droit de veiller à sa propre conservation; qu'il est dégagé du serment de fidélité envers un prince qui le persécute; que le prince oppresseur & le sujet opprimé ne sont que deux individus réunis l'un à l'égard de l'autre, dans l'état de nature. Mais, s'ensuit-il de-là que, sous prétexte de l'oppression, même la plus intolérable, la plus manifeste, un sujet puisse attaquer son prince à force ouverte, ou soulever contre lui la multitude, ou invoquer le secours des puissances étrangères? Gardons-nous de le croire. Tout citoyen se doit à sa patrie, bien plus qu'à lui-même;

_____

(1) Lettres de la Montagne, pag. 311.

&, s'il ne peut fauver fes jours qu'aux dépens de la paix publique, il n'a plus qu'à mourir. Le Contrat Social lui impofe ce devoir rigoureux, mais facré (1).

Le Peuple Romain exerça envers Coriolan une vexation inouïe. Le connétable de Bourbon fut perfécuté par François Ier, à l'inftigation de la Reine-Mère ; le grand Condé, après avoir fauvé la France, fut réduit au défefpoir par la tyrannie d'un miniftre étranger. Chaque fiècle a vu de grands hommes opprimés par l'injuftice

---

(1) « Que s'il n'y a pas moyen, pour lui, de se » fauver, il faut qu'il fe réfolve à mourir plutôt que » de tuer ; non pas tant par respect pour la perfonne » même du prince, qu'à cause de tout l'Etat, qui, » en ces fortes d'occasions, est ordinairement exposé » à de grands troubles » ; *Puffendorf, Droit de la nature et des gens*, liv. 7, chap. 8, § 5.

Au surplus, il est beaucoup d'auteurs qui accordent, même aux particuliers, le droit de réfistance *active* ; entr'autres, *Barbeyrac*, dans plusieurs de ses notes sur *Grotius* et *Puffendorf*. Heureusement, les circonstances où ils autorisent un sujet à fauver ses jours aux dépens des jours de son roi, ne se rencontreront jamais. C'étoit beaucoup trop néanmoins de dire qu'elles peuvent se rencontrer. Une telle doctrine n'est propre qu'à enfanter des régicides.

des rois, ou de ceux qui les trompent. Coriolan, le connétable de Bourbon, le grand Condé, tous ceux qui, à leur exemple, se font livrés à des projets de vengeance, ont encouru le blâme de l'Univers. Et faut-il que l'Etat soit en deuil ou que l'Etat soit troublé, pour l'injure & les torts faits à des particuliers ?

§. I I.

Du droit de résistance à l'égard du Corps de la nation.

JE ne prétends pas cependant que la nation ne puisse jamais se soulever contre l'autorité qu'elle avoit établie, & renverser du trône le souverain qu'elle y avoit placé. Je dis seulement que ce droit n'est pas indéfini ; je dis que, rarement légitime, toujours dangereux, un peuple doit trembler, lorsqu'il se résout à en faire usage.

D'abord, les erreurs ou les fautes du monarque, ses vices même, ou son incapacité, des abus d'autorité ou des injustices particulières, n'autorisent pas la révolte. Quand la nation

tion préféra le paisible gouvernement d'un mo‑
narque aux tumultes du gouvernement popu‑
laire, elle prévit, sans doute, qu'elle auroit,
plus d'une fois, des abus à souffrir. Quand elle
préféra le hasard de la monarchie héréditaire
aux troubles inséparables des monarchies élec‑
tives, elle ne dut pas compter sur une suite
continuelle de bons rois. Si l'on veut que l'au‑
torité soit toujours juste & sage, il ne faut pas
la laisser entre les mains des hommes. Si l'on
veut que le trône soit toujours rempli par des
princes sans défaut, il ne faut y placer que des
anges.

Quand est-ce donc qu'il sera permis au peuple
de résister à l'autorité & de détrôner son roi?
Remontons, pour le savoir, à cet acte célèbre
qui transmit la souveraineté des mains du peuple
dans les mains du roi. Il se fit alors, ainsi que
je l'ai observé, un transport mutuel de droits
& d'obligations. Le peuple promit d'être fidèle;
le prince s'obligea de soigner l'empire. Si donc
celui-ci viole ses engagemens, l'autre se trouve
délivré des siens. La justice contraint un parti‑
culier à l'accomplissement de ses promesses; mais
il n'est point de force coactive contre les sou‑
verains. Il faut donc que la convention réci‑
proque qui les oblige envers l'Etat, & oblige

N

l'Etat envers eux, foit diffoute, lorfqu'ils la
tranfgreffent ; & qu'ils perdent leur autorité,
lorfqu'ils déchirent le titre qui la produifoit.

Il s'enfuit de-là que fi le roi jouit d'une puiffance *abfolue*, mais qu'il la faffe fervir à la
ruine de l'Etat, il en eft déchu : il s'enfuit encore que fi le roi n'a reçu qu'une puiffance *limitée*, mais qu'il arrache les bornes qui la cir-
confcrivoient, il en eft déchu de même. Jamais
la fouveraineté ne lui a été tranfmife que fous
des conditions plus ou moins févères, dont
l'infraction opère néceffairement la réfolution
de fon titre, & la perte de fes droits.

Volf, & d'autres publiciftes réduifent cette
doctrine à un feul cas : celui où, par la formule
de fon ferment, le fouverain a confenti qu'on
lui refufât toute obéiffance, s'il venoit à méprifer fes devoirs. Ils fe trompent. Cette condition eft fous-entendue, lorfqu'elle n'eft pas
exprimée, parce qu'elle dérive de la nature
même des chofes, de l'intention manifefte des
contractans. S'il exiftoit un fouverain qui pût
impunément opprimer la nation, il feroit un
defpote ; & jamais le defpotifme ne peut être
une légitime autorité.

Ainfi, que le prince ait un pouvoir abfolu

ou limité; qu'une condition résolutive soit ajoutée au contrat fait entre le peuple & lui? ou qu'elle y soit omise; s'il devient un tyran, il abdique la couronne. Ce n'est pas le peuple qui la lui reprend; c'est lui-même qui la dépose.

Tels sont les principes que l'Angleterre a consacrés dans sa fameuse déclaration contre le roi Jacques. Le parlement déclara « que le roi » Jacques II s'étant efforcé de bouleverser la » constitution du royaume, en rompant le » pacte primordial entre le roi & le peuple, & » qu'ayant violé les loix fondamentales, il a » abdiqué le gouvernement, & que, par-là, le » trône est devenu vacant ».

Tels sont aussi les principes de *Vatel* (1). » Le » prince, dit cet auteur, dès qu'il a attaqué la » constitution de l'Etat, rompt le contrat qui » lioit le peuple à lui. . . . . Lorsqu'il viole les » loix fondamentales, lorsqu'il attaque les li- » bertés & les droits des sujets; ou, *s'il est ab-* » *solu*, lorsque son gouvernement tend *manifes-* » *tement* à la ruine de la nation, elle peut lui » résister, & se soustraire à son obéissance (2) ».

_____

(1) Droit des gens, liv. I, chap. 4, §. 51.

(2) Ce passage de Vatel prouve clairement ce que

N 2

Grotius, *Puffendorf*, *Barclay*, tous les publicistes connus par leur attachement à la royauté, sans être toutefois voués au despotisme, ont professé les mêmes maximes.

---

j'ai dit plus haut ; que, selon l'avis de cet auteur, le peuple n'a pas le droit de changer, quand il lui plaît, la forme du gouvernement monarchique. Si, en effet, le prince ne perd son autorité que *lorsqu'il viole les loix fondamentales*, etc, il la conserve tant qu'il ne les a pas violées ; et, s'il la conserve, la nation qui lui est soumise, ne peut donc pas en secouer le joug, sous prétexte qu'elle veut choisir un gouvernement plus avantageux.

CHAPITRE X.

SUITE.

MAIS, qui fera juge entre le peuple & fon roi ? Quand il s'agira de favoir fi les actes du fouverain font tellement injuftes, tellement oppreffifs, que l'infurrection devienne légitime, qui prononcera fur cette grande queftion ?

Il feroit abfurde d'attendre que le roi fe déclarât lui-même tyran de la nation & privé de la couronne ; ce n'eft donc pas à lui que le jugement doit être réfervé.

Sydney (1) veut que la caufe foit portée au tribunal du peuple, par la raifon que le peuple ayant établi les rois, il a le droit d'examiner fi les conditions qu'il leur a prefcrites, font remplies ou violées. Mais, c'eft fuppofer que le peuple retient la fouveraineté ; & *Sydney* avoue cependant que le peuple, lorfqu'il fe donne un roi, lui tranfmet la puiffance fuprême. C'eft fup-

(1) Difcours fur le gouvernement, tome premier, chap. premier, fat. 6, pag. 47 et fuiv.

N 3

poſer encore que l'un des contractans peut être l'arbitre des droits de l'autre, le juge des obligations reſpectives que le contrat produit, le maître de la diſſoudre à ſon gré ; c'eſt ſuppoſer de plus, que le peuple, toujours aſſez éclairé pour ſe préſerver de l'erreur, toujours aſſez ſage pour ſe prémunir contre les paſſions, ne portera jamais que des jugemens équitables. Exiger des cauſes pour autoriſer le peuple à ſe ſoulever contre l'autorité, & laiſſer au peuple le droit indéfini de prononcer ſur les cauſes qu'on exige, c'eſt une contradiction palpable.

Juſqu'à ce que l'auguſte tribunal, dont l'abbé de Saint-Pierre a donné le projet, ſoit établi ; juſqu'à ce que les peuples & les rois aient confié à des arbitres la déciſion des différends qui s'élèvent entr'eux, c'eſt l'évidence que l'on doit prendre pour juge.

Dans les cas douteux, il faut croire que le ſouverain a raiſon. Cette règle eſt conforme à la juſtice. Si, en effet, le jugement des cas douteux appartenoit au peuple, le ſouverain ſeroit ſoumis à ſes ſujets. Cette règle eſt preſcrite par le bien public. Que deviendroient, en effet, le repos des citoyens, l'ordre de la ſociété, ſi, chaque jour, la multitude vouloit juger ceux qui la gouvernent ?

Mais, lorsque la deſtruction des loix fondamentales eſt ſi claire, qu'elle ſaute à tous les yeux,
ſi conſtante, qu'elle entraîne tous les ſuffrages,
lorſque, pour me ſervir des termes de *Barbey-*
rac (1), *la tyrannie du prince eſt notoire & de la*
dernière évidence, en ſorte que perſonne n'en puiſſe
plus douter, la cauſe eſt alors jugée par la cer-
titude, par l'évidence du fait. Alors, chacun
voit que le prince eſt devenu l'ennemi de la
nation, & qu'il s'eſt mis avec elle dans un état
de guerre. Elle peut lui réſiſter alors, &, ſi elle
eſt la plus forte, ſe délivrer d'un tyran qui
cherche à la détruire.

Peuples, voilà vos droits; mais gardez-vous
d'en abuſer : ſachez qu'il vaut mieux ſouffrir
des maux tolérables, que d'y chercher un remède
dans la rébellion. Les mauvais règnes ſont paſ-
ſagers comme les orages; & comme eux, ils
font place à des jours calmes & ſereins. Mais,
un monarque ne peut tomber du haut de ſon
trône ſans ébranler, par ſa chûte, juſqu'aux fondemens de l'Etat; & il eſt impoſſible de prévoir
ſi l'Etat ne ſera pas renverſé avec lui.

_____

(1) Sur *Puffendorf*, liv. 7, chap. 8, §. 6, note I.

_____

N 4

CHAPITRE XI.

SUITE.

LORSQU'IL arrive que le roi est déchu de la couronne, le peuple, en la lui ôtant, n'a pas le droit ni de la transporter dans une autre famille, ni de substituer au gouvernement monarchique un autre gouvernement. Le roi, qui régnoit, n'existe plus ; mais ses successeurs sont appelés par la convention primitive ; &, s'il l'a rompue par rapport à lui, il n'a pu la dissoudre par rapport à eux. Le père étoit coupable ; les enfans sont innocens. Le droit de l'un est anéanti ; le droit des autres est intact. L'abdication volontaire ou forcée du possesseur actuel d'un *fidei-commis* ne préjudicie point aux *fidei-commissaires* qui doivent le recueillir dans la suite.

Le parlement d'Angleterre se trompa, lorsque, dans la déclaration contre le roi *Jacques*, il ajouta cette clause : & *que par-là, le trône est devenu vacant*. La branche catholique de la maison régnante étoit exclue du trône par la constitution ; le parlement pouvoit le déclarer. Il pouvoit déclarer encore que la fucceffion étoit ouverte en faveur de la branche *proteflante* ; mais dire que le trône étoit vacant, c'étoit une erreur. Il ne l'eft point, tant qu'il exifte des fujets que la conftitution y appelle.

Qu'on ne m'oppofe point cette grande maxime : *falus populi fuprema lex eflo*. Comment prouvera-t-on que le falut du peuple exige qu'on exclue de la couronne toute la famille d'un roi qui n'étoit pas digne de la porter, ou qu'on éteigne la monarchie, parce que celui qui la poffédoit a mérité de la perdre ?

Qu'on ne dife pas non plus, à l'exemple de *Burnet*, que les defcendans du roi détrôné voudront venger l'injure faite à leur père. Ils s'inftruiront plutôt à l'école de fes malheurs ; ou du moins, un danger imaginaire n'eft pas une raifon pour les dépouiller de leurs droits.

Je fais que les peuples font rarement juftes envers la poftérité d'un monarque coupable, & que les troubles d'une révolution, tantôt amènent un nouveau gouvernement, tantôt une nouvelle dynaftie ; mais les injuftices particulières ne changent pas les règles générales du droit.

Ce n'eft pas à dire que les princes de la nouvelle dynaftie doivent être regardés comme d'injuftes poffeffeurs. A Dieu ne plaife que je

profère jamais ce blafphême horrible ! Un nouveau contrat fe forme entre la nation qui dé-
trône fon roi & le prince étranger à qui elle défère la couronn⁊ Ses fuccefleurs font donc appelés, comme il le fut lui-même, par la volonté
du peuple; & lorfque le temps & les conjonctures font juger que la famille de l'ancien roi,
dégoûtée de fes inutiles prétentions, prend le
parti fage d'y renoncer, la maifon qui tient fa
place règne juflement, & rien ne manque à la
légitimité de fon titre (1).

Tels font donc les principes qui m'ont paru
les plus vrais, les plus généralement adoptés,
les plus propres à maintenir la tranquillité publique, à faire profpérer les Etats. La nation a
le droit de réformer le gouvernement, mais
non pas de le changer, parce qu'elle ne peut pas
diffoudre, par fa volonté feule, le contrat légitime qui la lie envers le fouverain. Si cependant le fouverain rompt lui-même cette convention, en violant les devoirs qu'elle lui impofe, il abdique fes droits, & la nation peut
déclarer qu'il en eft déchu. Mais, avant dé fe
porter à cette extrémité dangereufe, elle doit

---

(1) Voyez *Puffendorf*, *Droit de la nature et des gens*,
liv. 7, chap. 7, §. 4, et chap. 8, §. 10.

attendre que la néceſſié l'y contraigne, & que l'évidence l'y autoriſe.

Cette doctrine a tous les avantages de la doctrine de *Rouſſeau*, ſans en avoir les inconvéniens funeſtes. Comme lui , je prémunis les peuples contre la tyrannie : mais il livre les rois au caprice de la multitude ; moi , je ne les ſoumets qu'à des règles ſages. Il laiſſe à la diſcrétion du peuple, une arme ſouvent meurtrière pour celui qui l'emploie ; moi , je l'ôte de ſes mains pour la lui rendre, lorſqu'il eſt forcé d'en faire uſage. Que l'on examine lequel de ces deux ſyſtêmes eſt le plus utile à la ſociété ; & l'on verra, pour lors, lequel des deux eſt le plus juſte.

CHAPITRE XII.

*Comment la nation doit-elle procéder au changement
de la constitution, ou à la réforme des abus ?*

SELON *Vatel* (1), « la nation peut changer
» sa constitution, *à la pluralité des suffrages* ».
C'est une suite naturelle du Contrat Social, qui
soumet tous les membres à la volonté du Corps ;
& cette règle est la même, lorsqu'il s'agit de réformer les abus du gouvernement, lorsqu'il s'a-
git encore de résister à l'autorité devenue tyrannique.

Mais, après ce que j'ai dit dans les chapitres
précédens, il est facile de voir comment elle
doit être entendue, en ce qui concerne le changement de la constitution.

Il faut supposer d'abord que le cas se rencontre où la constitution peut être changée ;
c'est-à-dire, que la nation ait conservé jusqu'alors la puissance suprême ; ou que la souveraineté, aliénée autrefois, soit rentrée en

(1) Livre I, chap. 3, §. 33.

fon pouvoir, ou que les changemens faits à la conftitution ne nuifent point aux droits légitimes du monarque qu'e..e a établi ; ou enfin, que le monarque y confente : autrement, le changement de la conftitution feroit une injuftice politique.

Il faut fuppofer encore que l'on refpecte les propriétés. L'affociation civile n'avoit d'autre but, les individus, qui l'ont formée, n'avoient d'autre intention que d'affurer à tous la paifible jouiffance de leurs droits. En dépouiller une partie des citoyens, malgré eux, ce feroit donc enfreindre, à leur égard, le Contrat Social ; & le Corps politique doit, par-deffus tout, être jufte envers fes membres ; autrement il n'y a point de fociété. *Le bien public*, dit M. de Montefquieu (1), *eft que chacun conferve invariablement la propriété que lui donnent les loix civiles.*

Telle eft auffi la penfée de *Vatel.* « Toutes les » fois, dit-il, qu'il n'y aura rien dans le chan- » gement de la conftitution que l'on puiffe re- » garder comme contraire à l'acte d'affociation » civile, à l'intention de ceux qui fe font unis, » tous feront tenus de fe conformer à la réfo- » lution du plus grand nombre (1) ».

(1) *Hoc sup. cit.*

Les changemens que l'on projètte tendeht-ils donc à priver ou quelques individus, ou une claffe entière de citoyens, des droits légitimes que l'ancienne conflitution leur avoit affurés ? Ces changemens ne peuvent fe faire fans le confentement de ceux que l'on dépouille ; & ce que je dis des particuliers, on doit l'entendre des Corps qui fe font établis dans l'Etat, fous la foi de l'autorité publique. Les Corps moraux repréfentent des perfonnes individuelles. Comme les individus, ils font capables de propriété ; & leur propriété mérite également la protection des loix. Les droits des Corps & ceux des particuliers ne font pas d'une nature différente.

Qu'on ne dife pas que, s'il eft des citoyens à qui le changement de la conflitution déplaît, il leur eft libre de vendre leurs terres & de s'en aller. Rien de plus jufte, dans le cas où une nation qui, ayant confervé, jufqu'alors, le pouvoir fouverain, voudroit l'aliéner en faveur d'un fénat ou d'un monarque. L'intention du gouvernement monarchique eft une fuite du Contrat Social, ainfi que je l'ai prouvé ailleurs (1). Ceux des citoyens qui s'oppofent à

_____

(1) Livre 2, chap. 8.

fon établiffement, contre le vœu du plus grand nombre, peuvent donc le fuir, & non pas l'empêcher.

Mais, je parle de la propriété légitimement acquife aux différens membres de l'Etat. Et l'on veut que le Corps politique leur tienne ce dif-cours : « Je confifque vos droits, parce qu'ils » font incompatibles avec le nouveau gouver-» nement que je veux former ; cherchez une » autre patrie, fi vous n'êtes pas contens ». Cet argument feroit celui d'un defpote. Que pen-feroit-on d'une compagnie d'affociés qui diroit à un de fes membres : *je prends ta part, & je te chaffe ?*

CHAPITRE XIII.

Comment doit se former la pluralité des suffrages ?

DÉJA, j'ai touché cette question dans le premier livre (1). Le moment est venu de l'examiner avec plus de soin.

S'il s'agit d'un État où tous les citoyens ne composent qu'une seule classe ; ou , si tel est l'antique usage de la nation , que le droit de suffrage soit égal entre tous les citoyens, quoique formant des classes différentes , alors , ils s'assembleront en commun ; ils opineront par tête , & le plus grand nombre des voix formera la délibération.

Que si la constitution primitive avoit établi un autre ordre, on ne pourroit le changer qu'en suivant l'ordre établi. Tout ce qui se feroit contre cet ordre , seroit *inconstitutionnel ;* & l'on avouera sans doute qu'un acte *inconstitutionnel* est incapable de changer la constitution. Je suppose que le peuple soit divisé en différentes centuries,

_____

(1) Chap. 9.

en

en différens ordres. Je suppose que, depuis son établissement, il ait tenu ses assemblées, non pas en commun, mais par ordres ou par centuries; il faudra, pour lors, que les centuries ou les ordres, assemblés selon la forme ancienne, décrètent le changement de la constitution, ou la réforme des abus.

Il sera du moins nécessaire, ou que les ordres se réunissent ensuite d'une délibération prise par chacun d'eux; car alors, ils auroient changé d'une manière légale, l'article de la constitution qui les séparoit; ou que leur réunion ait été la suite, sinon d'un décret formellement prononcé, du moins, d'un mouvement libre & volontaire: car ce mouvement *libre* & *volontaire* auroit la même force qu'un décret positif.

L'évidence de ces principes doit frapper tous les esprits que la prévention n'a pas fascinés. Dans l'hypothèse, en effet, de la distinction des ordres, chaque ordre a le droit de s'assembler séparément, & non pas en commun; de voter par ordre, & non par tête: il en a le droit, puisque la constitution le lui donne. Et qui pourra dépouiller l'un d'entr'eux de ce droit qu'il tient de la constitution? Sera-ce la volonté des autres? Non assurément; car les autres ordres, séparés de lui ou ligués contre lui, ne

O

forment pas la nation, ne peuvent pas exprimer la volonté générale. Sera-ce la force ? Mais si la force peut jamais difpofer du droit, que deviendra donc la fociété civile, elle dont la fin principale eft de défendre le droit contre la force ?

Si l'on dit que celui des ordres qui prévaut par le nombre doit repréfenter la nation & faire la loi, on dira une abfurdité; & il feroit inutile que je la réfutaffe. Ce n'eft pas avec les armes de la raifon que l'on combat la mauvaife foi; & nul homme de bonne foi ne penfera qu'une partie de la nation eft la nation entière; qu'un ordre peut déroger aux droits des autres ordres.

On dira plutôt que les ordres étant féparés, chacun d'eux tiendra obftinément aux abus qui le favorifent, & que, dans cet état des chofes, les maux qui affligent l'Etat feront impoffibles à guérir.

Mais, fi l'on veut fuppofer l'injuftice, n'eft-elle pas également à craindre, foit dans la confufion des ordres, foit dans leur divifion ? En féparant les ordres, il peut fe faire que celui qui s'eft attribué des privilèges abufifs veuille les conferver. En les réuniffant, il peut fe faire auffi que celui qui eft le plus nombreux veuille enlever aux autres des droits qui leur sont légitimement acquis. La majorité des suffrages le rendra maître des délibérations ; & son intérêt ne lui dictera-t-il pas des suffrages contraires à la justice ? On ne doit pas s'attendre à des jugemens très-équitables de la part de celui qui est en même temps juge & partie.

Que les ordres restent donc séparés ou qu'ils se réunissent, on verra de part & d'autre des inconvéniens, si la passion les gouverne ; & lorsque deux partis contraires présentent les mêmes inconvéniens, lequel des deux faut-il prendre ? Ce n'est pas une question. La préférence est due à celui que la constitution a établi, & que la possession a confirmé. *Telle est l'antique constitution*, disoit *Rousseau* (1).

Qu'arrivera-t-il donc si l'un des ordres, sourd à la voix de la justice & de la raison, refuse d'abandonner des privilèges, ou qui viennent de l'usurpation, ou dont la cause n'existe plus, ou qui sont oppressifs pour les autres citoyens ? C'est alors que l'usage de la force deviendra légitime. L'iniquité manifeste de l'un des ordres rompt, à son égard, le Contrat Social ; elle le remet dans l'état de nature, &, dans cet état,

_____

(1) Gouvernement de Pologne.

O 2

c'est par la force qu'on obtient justice. Mais, remarquons bien qu'il n'est permis de recourir à la force qu'après avoir embrassé, sans succès, toutes les autres voies; & que, si l'on peut exiger qu'un ordre de l'Etat renonce à des abus, on ne peut pas le contraindre d'abdiquer des droits.

CHAPITRE XIV.

Des Conventions Nationales.

LORSQUE le vaisseau battu par la tempête, est abandonné par le pilote, tout l'équipage court au gouvernail; lorsque le pilote dirige le bâtiment vers *Alger* ou *Tunis*, tout l'équipage se souléve : voilà l'image d'une convention nationale. *Elle est*, dit M. *Hume*, *un parlement assemblé sans les formalités ordinaires* (1); & l'on peut s'en rapporter à lui; car, c'est des Anglois que nous est venu ce terme, inconnu en France jusqu'à 1789, & si souvent répété depuis lors. Ainsi, lorsque la nation s'assemble de son propre mouvement, sans aucune convocation, ou lors-

_____

(1) Histoire des Stuard, tom. 3, pag. 449.

qu'elle se réunit à la voix d'une autre autorité
que de l'autorité légitime, elle forme une *convention nationale*.

Ces assemblées, considérées en elles-mêmes,
paroissent séditieuses, puisqu'elles sont contraires aux loix. Aussi, ne peuvent-elles avoir
lieu que dans des temps d'orage & de crise, où
la nation, sur le penchant de sa perte, obéit à
la nécessité.

Si le roi laisse tomber les rênes du gouvernement, & livre l'Etat à lui-même; si, par une
conduite tyrannique, il opprime ses sujets, &
que, foulant aux pieds les loix fondamentales,
il veuille s'ériger en despote absolu; toutes les
fois enfin, que l'Etat est mis en danger, ou
par la foiblesse, ou par la tyrannie de ceux qui
le gouvernent, c'est le cas d'une *convention nationale*.

C'est dans ces assemblées, rares, mais ter-
ribles, que la nation déploie toute la plénitude
de sa puissance: c'est-là qu'elle fait usage, dans
toute leur étendue, des droits que les loix fondamentales lui ont réservés. Elle peut alors réformer les abus, chasser un usurpateur, faire
rentrer dans ses bornes, l'autorité qui en est
sortie; déclarer l'abdication du légitime souverain, lorsque cette abdication résulte de sa

conduite ; apporter à la conſtitution tous les
changemens qui n'attentent point à la propriété,
ni des différens particuliers, ni des différens
ordres de l'Etat.

Ce ne ſont pas des ſauvages, ſortis du ſein
des bois, qui forment une convention nationale. Toute convention nationale, (ce titre ſeul
le prouve ſuffiſamment) eſt l'aſſemblée d'une
nation déjà organiſée. Son objet eſt donc de
reſſerrer les liens du Contrat Social, & non pas
de les rompre ; d'aſſurer les droits du peuple,
& non pas de détruire les prérogatives du trône ;
de maintenir les propriétés, & non pas de les
envahir. Son pouvoir enfin, n'a d'autres limites
que celles qui lui ſont fixées par le Contrat
Social, & par la convention faite autrefois
entre la nation & ſon ſouverain ; mais elle ne
peut franchir ces limites que par l'abus de la
force & la violation du droit.

CHAPITRE XV.

SUITE.

MAIS, les grands peuples étant dans l'im-
puiſſance de délibérer en perſonne, envoient
des repréſentans pour délibérer à leur place : ces

repréfentans ont-ils l'exercice de tous les droits
que je viens d'attribuer aux conventions na-
tionales ? Pour réfoudre cette queſtion , il ſuffit
de ſe rappeler les principes que j'ai retracés
ailleurs (1).

Si les loix fondamentales donnent aux repréfentans un pouvoir abſolu , ils en jouiſſent
alors , & la ſouveraineté réſide ſur leurs têtes.

S'ils ſont nommés *par une convention nationale* , ils en ont tous les droits ; & , ce qu'elle
pourroit faire , ils le peuvent auſſi.

Ces deux cas exceptés , les repréfentans ne
forment plus *qu'un Corps légiſlatif*, & *Vatel* dé-
cide avec raiſon « que les loix fondamentales
» doivent être ſacrées pour eux , *à moins que la*
» *nation ne leur ait donné très-expreſſément le droit*
» *de les changer* (2) ». *Vatel* établit ſolidement
la vérité de cette déciſion. Moi , je me diſpen-
ſerai d'en donner des preuves. On ne prouve
pas l'évidence.

Je ſuppoſe donc un Etat où les repréfentans
n'ayant jamais été que les porteurs *des doléances*
du peuple , la conſtitution ne les érige pas en
ſouverains ; je ſuppoſe que l'autorité légitime

_____

(1) Livre 3 , chap. 4.
(2) Droit des gens , liv. premier , chap. 3 , 5. 34.

ayant convoqué l'affemblée de la nation felon
les formes ordinaires, on ne foit pas dans le cas
d'*une convention nationale* ; je fuppofe que les députés, partis avec des mandats limités, exercent
néanmoins une puiffance indéfinie ; qu'envoyés
uniquement pour réformer les abus, ils renver-
fent de fond-en-comble l'édifice du gouvernement ; que, méprifant à la fois & l'ancienne
conftitution , & leurs propres cahiers, ils s'ar-
rogent , fous des titres fuppofés , une autorité
fans exemple, pour être fans bornes. Il eft évident alors que leurs décrets font frappés du
plus grand de tous les vices ; le défaut de pouvoir.

 « Nul Corps, nul individu ne peut exercer
» d'autorité qui n'émane expreffément de la na-
» tion (1) ». Et certes, ce n'eft pas de la nation
qu'émane une autorité que des repréfentans ufur-
pent contre la teneur expreffe des mandats qu'ils
ont reçus , contre la foi du ferment qu'ils ont
prêté. Tous leurs actes reftent donc fans valeur,
jufqu'à ce que la nation entière les ait approuvés par
un filence volontaire (2).

---

(1) Art. 3 de la Déclaration des droits.
(2) Ce font les termes de Vatel ; loc. cit.

Fin du cinquième livre.

ÉLÉMENS

DU

DROIT POLITIQUE.

LIVRE VI.

CHAPITRE PREMIER.

SUJET DE CE LIVRE.

» Tous les hommes font égaux; tous les
» hommes font libres; la religion catholique
» s'oppofe à la profpérité de l'Etat ». En répandant, fans précaution, ces dogmes fi dange-

reux, en les prêchant avec le fanatifme des *illuminés*, les fages de ce fiècle ont établi non pas l'égalité, mais l'insubordination; non pas la liberté, mais la licence; non pas l'amour de la patrie, mais l'irréligion. Ils ont rompu le lien de la hiérarchie politique, femé de toute part l'efprit de révolte et d'anarchie, brifé le feul frein qui fût affez puiffant pour contenir les hommes dans le devoir. Que de maux les phi- lofophes ont fait au genre humain, fous pré- texte de l'inftruire! Au lieu de crier aux hommes qu'ils font égaux, il falloit voir fi cette égalité n'eft pas une chimère; au lieu de les appeler à une liberté vague & indéfinie, il falloit leur apprendre à la connoître, & les rendre dignes d'en jouir; au lieu de les foulever contre la plus pure, la plus fainte des religions, il fal- loit leur expliquer comment elle forme des rois juftes & des fujets fidèles; comment elle rend les hommes heureux, même en cette vie.

Je vais donc traiter de l'égalité, de la liberté, de la religion. Je vais faire voir que l'égalité eft inconciliable, foit avec l'ordre focial, foit avec les différentes formes de gouvernement; que la liberté n'eft pas un privilège tellement réfervé aux républiques, qu'on ne puiffe en jouir fous le gouvernement des rois; enfin, que la religion chrétienne, loin de s'oppofer au bien de l'Etat, eſt le plus ſûr garant de ſa profpérité.

_____

CHAPITRE II.

_____

De l'égalité.

AVANT que les hommes fuſſent réunis en ſociété, nulle dépendance ne les aſſujettiſſoit les uns envers les autres ; les productions de la terre appartenoient au premier d'entr'eux qui venoit les cueillir ; alors, ils étoient égaux. Mais, en introduiſant le droit de propriété, en établiſſant les règles de la ſubordination, l'ordre ſocial a rompu cette égalité primitive.

Tous les membres de la ſociété naiſſante obtinrent une égale portion du terrein qu'elle occupa, à moins, ce qui pouvoit être juſte, qu'on ne leur ait attribué des portions différentes, ſelon la différence de leurs beſoins. Mais les partages, les ſucceſſions, les ventes, la bonne adminiſtration ou le patrimoine des uns, l'inconduite ou la prodigalité des autres, mille cauſes inévitables, tantôt diviſèrent entre

P 2

plufieurs, la portion d'un feul, tantôt réu-
nirent plufieurs portions dans les mêmes mains.
Ainfi, les richeffes s'accumulèrent d'une part,
tandis qu'on vit de l'autre, la médiocrité ou
l'indulgence ; & cette inégalité dans les fortunes
devint facrée néanmoins, devint inviolable
par une fuite naturelle du Contrat Social. Dès
que les loix ont établi différens moyens, pour
tranfmettre la propriété d'une perfonne à l'autre,
le Corps politique doit maintenir toutes les
acquifitions faites par l'un des moyens qu'elles
ont déterminés.

La fociété, d'ailleurs, ne peut fubfifter fans
la fubordination ; & la fubordination fuppofe
des fupérieurs & des inférieurs ; ceux qui commandent & ceux qui obéiffent. Elle fuppofe donc
auffi de l'inégalité entre les citoyens ; car l'in-
férieur n'eft pas l'egal du fupérieur ; celui qui
obéit n'eft pas l'égal de celui qui commande.
Vouloir que les conditions & les rangs foient
les mêmes dans l'état focial , ce feroit vouloir
que les tailles & les forces fuffent femblables
dans l'état de nature.

Tel eft donc le partage que l'ordre focial a
établi entre les hommes. Les uns pofsèdent,
les autres travaillent ; les uns participent à l'autorité , les autres y font foumis.

Il y a dans leurs rapports une différence marquée ; il y a dans leurs intérêts une opposition essentielle. C'est le petit nombre qui possède & qui commande ; c'est le grand nombre qui travaille & qui obéit. Ceux-là veulent conserver ou leurs possessions, ou leur puissance ; ceux-ci s'efforcent d'acquérir des richesses & de l'autorité.

De-là résultent plusieurs classes de citoyens qui entrent nécessairement dans la constitution de l'ordre social ; qui s'éloignent ou se rapprochent davantage, selon les différentes formes de gouvernement ; qui ont été très-distinctes parmi tous les peuples anciens & nouveaux. Il n'est pas possible de les confondre, puisque leurs intérêts sont inconciliables ; il n'est pas possible d'attribuer les mêmes droits à tous les individus dont elles sont composées, puisque ceux qui prévalent par le nombre, sont ceux aussi que leur intérêt porte à demander un nouveau partage & des biens & du pouvoir. Ainsi, toute forme de gouvernement qui établiroit la confusion des classes & l'uniformité des droits, seroit destructive de l'ordre social, parce qu'en réunissant au desir de l'usurpation, les moyens d'y parvenir, elle exposeroit les propriétés à être envahies, & les liens de la subordination à être rompus.

––––––––––––––––––––––

CHAPITRE III.

––––––––––––––

SUITE.

APRÈS avoir examiné la question de l'égalité relativement à l'état social, il faut la considérer sous un autre point de vue, & dans son rapport avec les différentes espèces de gouvernement.

Dans les Etats despotiques, on chercheroit inutilement des ordres distincts & un peuple organisé. Tel qui est élevé aujourd'hui au faîte des grandeurs, rampera demain dans la poussière. Celui qui nageoit hier dans l'opulence, gémit aujourd'hui dans la pauvreté. Sous un despote enfin, les sujets sont égaux parce qu'ils ne font rien ; & l'esclavage qui pèse également sur toutes les têtes, les réduit toutes au même niveau.

Lorsqu'on se forme l'idée d'une pure démocratie, on voit tous les citoyens placés au même rang. La puissance publique également répartie,

les richeſſes également partagées, la vertu même
également répandue, ne laiſſent entr'eux aucune
diſtinction. Tous exerçant de concert le pouvoir
ſouverain, tous ſoumis au même degré envers
le Corps politique , ne forment qu'une ſeule
claſſe de citoyens , égaux en autorité comme
en ſujetion. Mais un tel gouvernement peut-il
exiſter parmi les hommes ? Si quelques peuples
ont tenté de l'établir, c'étoit pour en dégoûter
le reſte de la terre. Plus ils en approchoient ,
plus ils étoient en proie aux fureurs des factions,
aux caprices de la multitude. Chez eux, les
talens ſublimes , les rares vertus exeitoient la
défiance, attiroient la perſécution, & finiſſoient
par recevoir les honneurs de l'oſtraciſme. En un
mot, ils avoient établi une telle égalité , qu'aucun de leurs citoyens n'avoit la permiſſion d'être
un grand homme. *Nemo de nobis unus excellat ;
ſin quis extiterit, alio in loco & apud alios ſit.*
Ainſi parlèrent les Epheſiens, au rapport de
Cicéron , lorſqu'ils exilèrent Hermodore.

Cependant, quelques publiciſtes , livrés à de
frivoles ſpéculations, regardent l'égalité comme
l'ame des Républiques. Mais, dans les Républiques, les hommes ſont-ils donc à l'abri du
beſoin & affranchis du joug des paſſions ? N'y
connoît-on pas & la propriété, qui donne des

droits, & la subordination qui impose des devoirs ? Et les droits de la propriété, les devoirs
de la subordination ne doivent-ils pas produire,
à leur tour, des classes séparées qui forment,
dans tous les états, l'organisation du Corps politique ?

Aussi, toutes les Républiques, sagement cons-
tituées, ont connu la distinction des ordres ;
elles ont accordé aux uns des prérogatives ou
réelles ou d'opinion, dont les autres étoient
exclus, & prescrit à tous des devoirs réciproques
qui les unissoient entr'eux. Dans les beaux temps
d'Athènes & de Rome, les citoyens étoient dis-
tingués par le rang & par la naissance, autant
que par la fortune ; & de nos jours encore, on
remarque une inégalité frappante entre les habitans de Gênes, de Venise, de Genève même,
& sur-tout de Berne, que l'on peut citer comme
le modèle des républiques.

Ces différences, moins sensibles, à la vérité,
dans des Etats peu étendus, se font principalement remarquer dans un grand royaume. Là,
en effet, il n'est pas possible que tous les habitans possèdent une égale quantité de terre, &
se bornent à la cultiver. Il ne peut pas se faire
non plus que les arts & l'industrie deviennent
exclusivement l'objet de leurs soins. Il faut donc
que

les uns faffent valoir les propriétés des autres ;
qu'un vafte champ foit ouvert à l'induftrie &
aux arts ; que les loix protègent ceux qui pofsèdent, foulagent ceux qui cultivent, excitent
l'émulation des talens. Si elles fe dirigent vers
l'égalité, elles pourfuivront une chimère, &
perdront l'Etat.

D'ailleurs, ce n'eft point par lui-même que
le monarque intime fes ordres, ce n'eft point
par lui-même qu'il veille à leur exécution dans
toutes les parties de fon empire. Il n'agit que
par des miniftres revêtus de différens pouvoirs,
chargés de différentes fonctions, fubordonnés
entr'eux ; & comme ils ne peuvent tenir fa place,
comme ils ne peuvent faire refpecter fon nom
fans être eux-mêmes environnés du refpect public, ils doivent participer à fa grandeur ; or,
cette grandeur qu'il leur communique à des
mefures inégales, cet éclat plus ou moins vif
que le trône fait rejaillir fur eux, les diftinguent
néceffairement du refte du vulgaire, & intro-
duifent parmi les citoyens des différences qui
fe multiplient & s'accroiffent avec le temps.

De plus, la patrie a des befoins de différentes
efpèces. Elle veut qu'on la ferve par le travail
& par l'étude, durant la paix & pendant la
guerre ; dans les grandes places & dans les rangs

Q

moins élevés. La raison, le bien public, l'ordre
naturel des choses veulent donc aussi que les
citoyens soient, en quelque sorte, affectés par
leur naissance aux différens services qu'elle exige
d'eux ; afin qu'ils jettent leurs premiers regards
sur la carrière qu'ils auront un jour à parcourir ;
que leurs premiers pas les conduisent vers le
but qu'ils doivent se proposer ; que les sentimens qu'on leur inspire, l'éducation qu'on leur
donne, les préparent, dès le berceau, aux
fonctions qui les attendent. Il est une classe
d'hommes qui naît pour le travail des champs,
pour les arts mécaniques ; il en est une qui
semble destinée à la vie sédentaire, aux sciences,
aux arts libéraux. Et l'état militaire, & les
grands emplois qui demandent une éducation
plus coûteuse, des sentimens plus élevés, un
honneur plus délicat, un dévouement plus entier, qui entraînant des dépenses au-dessus des
émolumens qu'ils produisent, ne donneroient
point de dédommagement, s'ils ne donnoient
pas des distinctions ; que l'on ne peut bien remplir sans cet amour de la gloire qui fait les
héros, sans cette bravoure intrépide que l'intérêt n'est pas capable de produire, sans une
foule de vertus que l'on ne possède jamais assez,
si on ne les possède par état, à qui seront-ils

réfervés ? Vous voulez confondre toutes les claffes, & couper, à l'exemple de Tarquin, les épis qui élèvent leur tête au-deffus des autres. Confondez donc auffi tous les emplois ; mettez de niveau les fortunes particulières & les fonctions publiques ; faites que tous les citoyens puiffent être indifféremment laboureurs ou hommes d'état, artifans ou gens de lettres, magiftrats ou militaires, foldats ou généraux d'armée. Faites que les riches partagent leurs propriétés avec les pauvres, & que celui qui eft roi le matin devienne berger le foir. Sans cela, je ne verrai dans la fociété civile qu'une chaîne immenfe dont le premier anneau tient au trône, & le dernier à la houlette.

Mais, pourquoi les diftinctions ne font-elles pas perfonnelles ? Pourquoi le fang les tranfmet-il fouvent aux fils corrompus d'un vertueux père ? En un mot, pourquoi la nobleffe eft-elle héréditaire ? . . . C'eft qu'il étoit jufte, & fur-tout utile d'honorer à jamais la race des grands hommes, qui ont rendu à la patrie des fervices fignalés. C'eft que les philofophes ne parviendront pas à faire envifager du même œil les enfans des rois & ceux des bergers, les premières maifons de l'Etat, & les familles communes.

Je ris de ces précepteurs du genre humain, qui prétendent réformer une opinion & des usages reçus dans tous les pays & dans tous les temps. Que l'on ouvre les annales du monde ; on verra la noblesse fleurir parmi les nations policées, & même parmi les nations barbares. Il en est fait mention dans les livres saints. Introduite chez les Grecs par Thésée, elle y fut confirmée par Solon. Elle étoit établie à Rome sur les fondemens même de cette ville célèbre. Les Francs, les Saxons, & tous ces peuples farouches, dont Tacite a si bien décrit les mœurs, l'honoroient au fond des bois de la Germanie. Elle existoit dans les Gaules avant que César les eût subjuguées, & dans les isles britanniques, lorsqu'Agricola les soumit. Les conquérans du Pérou, du Mexique, des Indes, l'y trouvèrent *aussi ancienne que le soleil.* On peut dire qu'elle fait partie du droit des gens : car le droit des gens est celui que les lumières de la raison & les conseils de l'expérience ont introduit chez tous les peuples qui ont un gouvernement & des mœurs.

Il faudroit la créer si elle n'existoit pas. Une classe de citoyens qui sucent l'honneur avec le lait, qui sont continuellement portés au bien par de grands motifs & de grands exemples, qui deviennent un foyer d'émulation pour les ordres inférieurs, & plus encore pour eux-mêmes ; qui se couvrent d'infamie, s'ils ne se rendent pas dignes de leur naissance & de leurs ayeux ; qui font de la droiture & de la bravoure leur esprit de corps ; qui n'ont d'autre emploi que le service de la patrie, & mettent leur gloire à mourir pour elle... N'est-ce pas-là une admirable institution ? Quelles troupes pouvoit-on comparer à *ces fidèles que nos rois choisissoient pour vaincre ou mourir avec eux* (1)? Qui décida du sort de la France par la défaite de Siagrius? Qui rendit si glorieuses pour elle les journées de Bouvine & de Taillebourg? Par qui fut-elle arrachée des mains des Anglois, sous Charles VII? A qui est-elle redevable de compter Henri IV au nombre de ses rois? Qui l'a retenue enfin, toutes les fois qu'elle s'est trouvée sur le penchant de sa ruine? Je parle de la France. Mais il n'est point d'État qui ne puisse rendre le même témoignage *à ses Leudes.*

Montesquieu & Rousseau ont dit qu'il faut dans les monarchies, des princes, de la no-

---

(1) Cette noble expression est de M. de Montesquieu.

bleſſe, des rangs intermédiaires. Mais outre le témoignage ſi important de ces deux écrivains, l'axiôme, *point de monarque, point de nobleſſe, point de nobleſſe, point de monarque*, a pour garant de ſa vérité l'expérience des ſiècles & la nature des choſes.

La nobleſſe fait l'ornement des monarchies & leur principale force. Elle conſerve le feu ſacré de l'honneur qui en eſt le principe : elle eſt tout à-la-fois l'aſyle du peuple & l'appui du trône : elle comble l'intervalle qui les ſépare, forme le lien qui les unit, ouvre un canal par où l'autorité coule, pour fertiliſer toutes les parties de l'empire. Elle élève une barrière également puiſſante & contre le deſpotiſme & contre l'anarchie, parce qu'elle a tout à perdre, ſi le roi devient deſpote, & tout encore, ſi la multitude briſe le frein qui la conduit. Quand Louis XI réſolut d'accabler le peuple, il commença par attaquer la nobleſſe (1). Quand le

_____

(1) « De l'abaissement du droit des seigneurs est
» avenue ou l'occasion ou la cause de la grande et in-
» supportable surcharge dont le pauvre peuple fran-
» çois a été misérablement vexé, quand il ne s'est plus
» trouvé aucun près du roi (Louis XI) qui osât faire
» des remontrances pour le soulagement du peuple ».
Coquille, Histoire de Nivernois, *tomo* I, *page* 361.

cardinal de Richelieu forma le projet d'applanir à Louis XIII la route du pouvoir arbitraire, il abattit les grands qui en défendoient l'entrée. Quand l'infâme Marcel entreprit de foulever la populace contre le gouvernement, il lui défigna les feigneurs pour première victime. Toujours la deftinée de la noblefle fut d'être alternativement en butte aux tyrans & aux démagogues : c'en'eft affez pour qu'elle foit d'un grand prix aux yeux de la politique.

Sans doute, il eft des gentilshommes qui deviennent méprifables par leur arrogance, qui fe dégradent par leur baffefle, qui révoltent par leur dureté, qui, quelquefois dérobent leurs vexations à la vigilance des loix ou des tribunaux. Mais n'en eft-il pas auffi qui font honnêtes & juftes, généreux & bienfaifans? Et l'humble habitant des campagnes n'a-t-il pas fouvent les mêmes reproches à faire aux vaniteux bourgeois des villes? Et, pour permettre aux hommes d'être nobles, exigera-t-on qu'ils ceffent d'être des hommes? Et tous ces demi-Dieux que la nouvelle conftitution a créés en France, font-ils donc fi remplis de modeftie, d'humanité & de juftice? Dans un empire où l'ordre de la nobleff fait une partie effentielle de l'organifation politique, où il tient, par une

chaîne indissoluble, à la constitution primitive
de l'Etat, où ses droits sont établis sur le pacte
inviolable qui a formé la nation, nulle force
humaine ne peut l'anéantir ; & le seul but que
les loix doivent se proposer, c'est de faire en
sorte qu'il conserve assez d'autorité, sans en
trop prendre.

Je sais que ma doctrine excitera la risée des
philosophes de nos jours, & qu'ils la représen-
teront comme le langage d'un courtisan ou d'un
esclave. Mais laissons-les déclamer à leur gré ;
&, loin d'imiter ces hommes sottement orgueil-
leux, qui, *ne pouvant atteindre la grandeur, se
vengent à en médire* (1), ou qui consentent à

_____

(1) Ce sont les termes de Montagne, *liv.* III *de
ses Essais, chap.* 7 ; et ce qu'il disoit par plaisan-
terie, les philosophes l'ont fait par système. Déjà
Nicole avoit dévoilé leurs motifs secrets dans le passage suivant : « le mépris humain de la grandeur ne
» se rencontre d'ordinaire qu'en certaines gens qui
» couvrent leur orgueil du nom de philosophie, et
» qui, ne pouvant satisfaire leur ambition eu deve-
» nant grands, tâchent de satisfaire leur malignité,
» en rabaissant ceux qui le sont.....,.. S'il s'est
» trouvé quelques philosophes qui, ayant sujet d'être
» contens de leur fortune selon le monde, n'ont
» pas laissé de mépriser, en apparence, la grandeur,
                                        n'avoir

n'avoir perfonne au-deffous d'eux, pourvu qu'ils n'aient perfonne au-deffus, fachons être ce que nous fommes, jouir de ce que nous avons, nous paffer de ce qui nous manque, & rendre à chacun l'honneur qui lui eft dû : c'eft le chef-d'œuvre de la fageffe. Le chef-dœuvre de la politique feroit auffi, non pas de niveler les fortunes, mais d'en diriger l'emploi ; non pas de détruire les grandeurs, mais d'en régler l'ufage ; enfin, de rendre les hommes égaux par la vertu plutôt que par la naiffance.

L'effentiel eft d'infpirer des mœurs à tous les citoyens.

Sans les mœurs, les claffes inférieures verront d'un œil inquiet & jaloux celles qui les précèdent. L'inégalité des richeffes irritera leur cupidité ; l'inégalité des conditions fera gémir

---

» c'eft par une vanité encore plus ingénieuse et plus
» déliée. Ils ont voulu joindre ensemble la gloire
» humaine de la grandeur, et la gloire philoso-
» phique du mépris de la grandeur, afin d'être es-
» timés, non-seulement par les personnes du com-
» mun, qui honorent les grands, mais aussi par les
» philosophes qui les méprisent ». *Essais de morale*,
Traité de la Grandeur, liv. I, chap. I.

R

leur orgueil ; la crainte & l'habitude pourront
les contenir , mais elles feront dévorées par le
dépit & l'envie ; & fi les philofophes viennent
encore les aigrir , au lieu de les calmer , on les
verra toujours prêtes à renverfer ce qui les-fur-
paffe.

Sans les mœurs aufli , les riches ne trouve-
ront dans leur opulence qu'un motif d'infulter
à la misère. Les grands ne fe ferviront de leur
pouvoir que pour opprimer ceux qu'ils'devroient
défendre. Le fafte & l'infolence tiendront lieu
de vertus aux uns & aux autres ; le mépris , inf-
piré par leurs vices , étouffera le refpect dû à
leurs qualités extérieures. Ils fe feront haïr avec
mille moyens pour fe faire adorer. Le feu de
la divifion , après avoir long-temps couvé fous
la cendre , éclatera enfin ; & il faudra un mi-
racle de la providence pour que la guerre in-
teftine , allumée entre les différens ordres de
l'Etat , n'entraîne pas , ou l'oppreffion des uns ,
ou l'anéantiffement des autres , & dans tous les
cas , la ruine de la monarchie.

CHAPITRE IV.

SUITE.

DANS la fameufe déclaration des droits de l'homme & du citoyen, l'on a dit : « les hommes » naiffent & demeurent *égaux en droits ;* les dif- » tinctions fociales ne peuvent être fondées que » fur l'utilité commune ».

Je m'arrête d'abord à la feconde partie de cet article, & j'en conclus qu'il exifte des *diftinc-tions fociales.* Il n'y a donc pas d'égalité entre les citoyens ; car les mots d'égalité & de dif-tinctions fociales expriment des idées contra-dictoires.

Que ces diftinctions ne puiffent être fondées que fur l'*utilité commune*, j'en conviens : tel eft, tel doit être du moins le but général de tous les réglemens politiques. Mais il s'enfuit de-là que l'utilité commune exigeant des diftinctions fociales, l'égalité eft incompatible avec l'état de fociété.

Demandera-t-on d'où proviennent ces diftinctions sociales qui sont fondées sur l'utilité commune ? Toujours des richesses & des dignités; souvent encore de la naissance.

La distinction que les richesses produisent dérive du droit de propriété, que l'utilité commune rend inviolable.

Les dignités sont une autre espèce de distinction inséparable de l'ordre social. Sans elles, il n'y auroit point de subordination, point de hiérarchie, point de pouvoir.

A ne considérer que les loix naturelles, la naissance n'est pas une distinction ; mais, chez tous les peuples policés, les loix civiles donnent aux citoyens, unis par les liens du sang, des droits qui n'appartiennent pas aux étrangers. Les nations, même les plus sages, ont d'ailleurs attribué aux enfans issus d'un père noble, des prérogatives dont les fils du roturier ne jouissent pas. Ainsi, la division des familles, & l'établissement de la noblesse héréditaire, ont introduit encore de nouvelles distinctions sociales.

On dira que la distinction résultant de la noblesse héréditaire, n'est pas fondée sur l'utilité publique, & *que tous les citoyens sont également admissibles à toutes dignités, places & emplois;*

selon leur capacité , & sans autres distinctions que
celles de leurs vertus & de leurs talens (1).

C'est élever une autre question qui tient
moins à la théorie qu'à la pratique ; aux principes du droit qu'aux règles de l'administration.

Des talens supérieurs , une vertu sublime
frappent tous les yeux, excitent l'admiration
universelle , & font une exception à toutes les
règles. Mais ces vertus sublimes, ces talens
supérieurs sont des miracles de la nature. Elle
ne produit le plus souvent que dés talens ordinaires, que des vertus médiocres, qui appro-
chent tant de l'ignorance, de la sottise, même
du vice, que l'on s'y trompe aisément.

Si donc on affectoit les dignités & les emplois
à des classes de citoyens où les talens & les
vertus doivent plus communément se rencontrer ; si l'on exigeoit de ceux qui se présentent
pour les remplir, des qualités extérieures qui
supposassent une capacité réelle, l'utilité publique n'approuveroit-elle pas cette loi dictée
par la sagesse ? Est-il déraisonnable de supposer
que l'homme riche est plus à l'abri de la corruption ; que l'homme gradué est plus capable de

_____

(1) Article 6. *Ibid.*

R 3

remplir les places où l'on doit fe préparer par de bonnes études ; que l'homme de naiffance reçoit une éducation plus fuivie, a fous les yeux de plus grands modèles, eft excité par des motifs d'émulation plus puiffans, fe fait une plus haute idée de fes devoirs , & refpire l'honneur avec l'air ? *Puffendorf* a écrit un long chapitre *fur le pouvoir qu'ont les fouverains de régler le rang & la confidération où chaque citoyen doit être* (1).

L'état civil offre donc de toute part *des diftinctions fondées fur l'utilité publique ;* & cette raifon d'utilité publique, loin de former une exception à la loi générale de l'égalité, fait , au contraire, de l'inégalité une loi générale & fans exception.

Que fignifie donc la première partie de l'article que j'ai cité ? *Les hommes naiffent & demeurent égaux en droits.* Ce font-là des paroles myftérieufes qui trompent le vulgaire , en lui préfentant la perfpective d'une parfaite égalité , mais où le métaphyficien le plus fubtil a de la peine à découvrir quelque fens.

Des hommes *égaux en droits* font-ils des

_____

(1) Liv. 8, chap. 4.

hommes qui ont des droits égaux ? Dans ce cas,
la maxime est fausse ; car l'homme sans état &
sans biens n'a pas des droits égaux à l'homme
constitué en dignité, ou puissant en richesses.

A-t-on voulu opposer le droit au fait, &
dire que les hommes, quoiqu'inégaux par le
fait, sont égaux par le droit? L'erreur seroit la
même ; car l'inégalité qui les sépare, c'est le
droit qui l'a établie.

Peut-être cette célèbre maxime signifie que la
loi veille également à la sûreté de toutes les
personnes, à la conservation de toutes les propriétés, au maintien de tous les droits : sans
doute ; mais c'est ainsi que la loi produit &
entretient l'inégalité parmi les hommes.

Il paroît que l'explication du commencement
de l'article Ier doit se tirer de la fin de l'article
VI, & qu'on a dit, *les hommes sont égaux en
droits*, pour en conclure que la carrière des
dignités, des places, des emplois publics, est
ouverte à tous également. Alors, le principe
est mal énoncé, & la conséquence mal déduite.

En premier lieu, la capacité de parvenir à
toutes les places ne constitue pas l'égalité ; car
celui qui les convoite n'est pas égal à celui qui
les possède.

En second lieu, cette égalité prétendue rsse

R 4

foumife à la loi, qui peut, même par des confidérations d'utilité publique, attribuer exclufivement de certains emplois à une certaine
claffe de citoyens.

Ainfi, ce droit de l'homme, fi vanté, ne confifte que dans une métaphyfique vicieufe &
fauffe; & au lieu de tendre un piège à la fim-
plicité du peuple par cette fentence amphibo-
logique, *tous les hommes naiffent & demeurent
égaux en droits*, il falloit dire avec plus de clarté
& de franchife; « l'état focial eft un état de
» diftinctions, & non pas d'égalité; tous les
» citoyens cependant font admiffibles à tous
» les emplois, tant qu'une partie d'entr'eux n'en
» eft pas exclue par des réglemens pofitifs ».

CHAPITRE V.

DE LA LIBERTÉ.

SOUVENT on a cité, & l'on ne peut citer trop souvent ce beau passage de Rousseau : « la » liberté est un aliment de bon suc, mais de » forte digestion ; il faut des estomacs bien sains » pour le supporter. Je ris de ces peuples avilis, » qui se laissant ameuter par des ligueurs, osent » parler de liberté, sans même en avoir l'idée, » &, le cœur plein de tous les vices des esclaves, » s'imaginent que, pour être libres, il suffit » d'être des mutins : fière & sainte liberté ! si » ces pauvres gens pouvoient te connoître, s'ils » savoient à quel prix on t'acquiert, on te con- » serve, s'ils sentoient combien tes loix sont » plus austères que n'est dur le joug des tyrans, » leurs foibles ames, esclaves des passions qu'il » faudroit étouffer, te craindroient plus cent » fois que la servitude ; ils te fuiroient avec » effroi, comme un fardeau prêt à les écraser (1) ».

(1) Gouvernement de Pologne. Rousseau a ex-

Si l'on eût bien réfléchi fur ce paffage éloquent & vrai, loin de prodiguer jufqu'à l'aviliffement le faint nom de la liberté, on ne le prononce-roit qu'avec une fage retenue, avec un refpect religieux; loin de la rendre odieufe, en la don-nant pour prétexte & pour excufe à des hor-reurs qui font frémir, on ne l'invoqueroit qu'à l'appui de l'ordre, de la juftice, & de l'humanité.

Qu'eft-ce donc que la liberté, ce bien fi pré-cieux & fi rare, dont on parle tant, & que l'on connoît fi peu; que tous defirent, mais que tous ne font pas dignes de pofféder ? Le vulgaire ignorant l'entend à merveille. Pour lui, la li-berté n'eft que le droit de n'obéir à perfonne, de fouler aux pieds la juftice & les loix; de faire tout ce qui eft agréable, & de détruire tout ce qui déplaît. Parmi les philofophes, moins d'ac-cord entr'eux que le vulgaire, le mot de liberté reçoit mille fignifications diverfes, & quand on a claffé avec attention leurs fyftêmes con-traires, on eft tenté de croire que la liberté eft une chimère. C'eût été un grand bien que de défendre aux philofophes d'en parler, & d'en faire jouir le peuple à fon infçu.

---

primé les mêmes penfées dans la dédicace du dis-cours fur l'inégalité des conditions.

Si l'on prend la liberté pour l'indépendance, il n'y en a point au monde ; il n'y en eut jamais. Dans l'état de nature, l'homme est dépendant de la loi naturelle ; & sans cela, il seroit dominé par la force. Dans l'état de société, les citoyens sont dépendans des loix civiles ; .& l'anarchie, sans cela, les gouverne avec un sceptre de fer. Celui qui, pour être libre, prétend secouer encore le joug des loix, peut aller dans les déserts de l'Afrique, faire assaut de liberté avec les tigres & les lions. Cicéron a dit avec autant d'élégance que de vérité, *legum idcircò omnes servi sumus, ut liberi esse possimus* (1).

La liberté consiste donc dans l'obligation de se conformer aux loix, & dans la faculté naturelle de faire tout ce qu'elles n'ont pas défendu (2). L'obéissance aux loix est la liberté ;

---

(1) *Pro Elventio*, N°. 53.

(2) L'article 4 de la déclaration des droits de l'homme et du citoyen dit : *la liberté consiste à pouvoir faire tout ce qui ne nuit pas à autrui.* Cette définition est fausse ; car souvent on a le droit de faire *ce qui nuit à autrui,* et il ne peut pas se trouver d'opposition entre le droit et la liberté.

L'article ajoute que les *bornes de la liberté ne peuvent être déterminées que par la loi ;* c'est-à-dire que la foumiffion à des ordres arbitraires eft l'efcla-vage.

« Il faut fe mettre dans l'efprit, dit M. de
» Montefquieu, ce que c'eft que l'indépendance,
» & ce que c'eft que la liberté. La liberté eft le
» droit de faire ce que les loix permettent ; &
» fi un citoyen pouvoit faire ce qu'elles dé-
» fendent, il n'auroit plus de liberté, parce que
» les autres auroient tout de même ce pou-
» voir (1) ».

Ainfi, *Hornius* ne connoiffoit pas la liberté,
lorfqu'il a dit que les fujets la perdent dans les
Etats monarchiques (2). *Grotius* n'en avoit pas
une idée plus exacte, lorfque, trompé par quelques hyperboles des anciens Grecs & des an-

---

la liberté confifte dans l'obéiffance aux loix. Cette
obéiffance ne diminue point les facultés naturelles
de l'homme ; elle ne fait que d'en régler l'ufage pour
l'utilité particulière de chacun, et pour le bien commun de tous. Elle eft conforme au vœu de la nature, qui n'a pas entendu nous rendre libres aux
dépens de la raifon et de la juftice. Mais il faut
fuppofer une force publique qui puiffe punir ceux
qui refufent de fe foumettre aux loix.

(1) Efprit des loix, liv. 11, chap. 3.
(2) *De civitate*, *lib.* 3.

ciens Romains, il a cru que, fous un roi, l'Etat
eſt eſclave, quoique les individus ſoient libres (1).
Enfin, les Républicains, qui repréſentent leur
gouvernement comme l'aſyle & le ſanctuaire de
la liberté, conſultent leurs préjugés bien plus
que la raiſon; ils ne ſavent faire aucune différence entre le deſpotiſme & la monarchie.

Le deſpote, n'ayant d'autre règle à ſuivre que
ſa volonté, tient dans ſa main la deſtinée de ſes
ſujets; il eſt leur maître abſolu; ils ſont vraiment ſes eſclaves. Le monarque, au contraire,
ne peut commander qu'au nom de la loi, &
non pas au gré de ſes caprices. En exécutant
les ordres qu'il intime, c'eſt donc à la loi elle-
même qu'on obéit. Et l'Etat & les ſujets ſont
donc libres ſous le gouvernement monarchique,
non moins, & ſouvent davantage que ſous le
gouvernement républicain.

Demandera-t-on pourquoi le deſpote ne commande qu'au nom de ſa volonté, & le monarque
au nom de la loi ? La raiſon de cette différence
eſt facile à indiquer.

Les loix fondamentales ſont inconnues dans

_____

(1) Droit de la guerre et de la paix, liv. I,
chap. 3.

les Etats defpotiques. C'eft pour cela que, dans les Etats defpotiques, l'efclavage tient toutes les têtes fous le joug ; même la tête du fultan, qui n'eft point garantie par les loix. Mais toutes les monarchies ont des loix fondamentales qui, traçant une ligne de féparation entre l'autorité du roi & les droits du peuple, oppofent un obftacle permanent au pouvoir arbitraire, & font les gardiennes de la liberté. Lorfqu'il eft écrit dans le code national que toute autorité vient du peuple ; que le roi ne peut changer les claufes du contrat qui lui a tranfmis fa puif-fance ; qu'il doit en ufer pour le bien commun, & qu'il la perd, s'il en abufe ; fans contredit, le corps politique & fes membres jouiffent d'une entière liberté. J'aime la bonne foi de *Rouffeau*, quand, réformant fa doctrine fur les leçons que l'expérience lui avoit données, il a dit : « après » avoir toute ma vie fait l'éloge du gouverne- » ment républicain, faudra-t-il que, vers le » penchant de ma carrière, je fois obligé de » convenir que, de tous les gouvernemens, le » *monarchique eft celui dans lequel on refpecte le plus* » *la vraie liberté de l'homme* (1) » ?

_____

(1) Lettres de la Montagne.

CHAPITRE VI.

Qu'il n'est pas nécessaire, pour la liberté politique ou civile, que le peuple fasse les loix par lui-même ou par ses députés.

ON entend par la liberté *civile*, celle dont jouissent les individus : on entend par liberté *politique*, celle qui est acquise au Corps de l'Etat. J'avoue que cette distinction métaphysique ne présente à mon esprit que des mots vuides de sens. L'esclavage ou la liberté sont un attribut des particuliers qui composent l'Etat. Mais l'Etat lui-même ne peut être ni libre, ni esclave. Il est souverain dans les démocraties ; il est sujet dans les monarchies ; il n'est rien à Constantinople. Peu importe, au surplus : la liberté, soit publique, soit particulière, règnera toujours parmi les peuples où les loix seules commanderont l'obéissance ; &, pour les rendre heureux en même temps que libres, il ne s'agira plus que de faire de bonnes loix.

Ce n'est pas assez, dit-on, de n'obéir qu'aux loix ; il faut encore que ces loix auxquelles on

obéit, on se les soit prescrites soi-même ; *l'obéissance à la loi qu'on s'est prescrite, est liberté* (1).
On conclut de ce principe qu'il n'y a point de
liberté dans un Etat où le pouvoir législatif n'est
pas exercé par le peuple.

C'est prendre le pouvoir du peuple pour sa
liberté ; c'est exclure tout milieu entre la souveraineté & la servitude. Je ne puis concevoir
la souveraineté sans le pouvoir législatif ; mais
je conçois comment l'on peut être libre sans
être partie du souverain. Quoique je n'aie pas
coopéré à la loi par mon suffrage, je suis libre
cependant, pourvu que l'on ne puisse me contraindre à faire ce qu'elle n'ordonne pas.

A son tour, le rédacteur du Journal de Paris
a confondu les loix avec les volontés arbitraires, lorsque, philosophant selon la mode,
il a proféré cette absurde sentence : *être esclave
ou recevoir des loix, c'est la même chose* (2). On
n'est pas esclave précisément, parce qu'on *reçoit
des loix*, mais parce qu'on les reçoit contre son
gré, de celui qui n'a pas le droit de les faire,
ou qui les prescrit arbitrairement & sans règle;

(1) Rousseau, Contrat Social, liv. I, chap. 8.
(2) N°. 360.

car

car alors ce n'eft plus aux loix qu'on obéit, mais aux volontés du defpote. Dans toutes les démocraties, la minorité reçoit des loix de la majorité ; & pour cela, eft-elle efclave ?

S'il faut, après tout, que, pour être libre, le peuple faffe lui-même fes loix, il faut donc que les vaftes empires renoncent à la liberté ; car, je l'ai dit ailleurs, & c'eft une vérité ma-nifefte (1), un peuple nombreux ne peut exercer par lui-même le pouvoir légiflatif.

Du moins, dira-t-on, il peut l'exercer *par fes repréfentans* ; & il eft libre feulement, lorfque les loix font l'ouvrage des repréfentans qu'il a choifis.......Fort bien ! Mais ignore-t-on ce paffage de Rouffeau ? (car je me plais à com-battre les maximes républicaines, en leur op-pofant fur-tout le chef des républicains). « Le » peuple anglois penfe être libre ; il fe trompe » fort ; il ne l'eft que durant l'élection des » membres du parlement ; fitôt qu'ils font élus, » il eft efclave ; il n'eft rien. Dans les courts » momens de fa liberté, l'ufage qu'il en fait, » mérite bien qu'il la perde (2) ! ... Quoi qu'il

_____

(1) Liv. II, chap. 6.

(2) Contrat Social, liv. III, chap. 15.

S

» en foit , à l'inftant qu'un peuple fe donne des
» repréfentans, il n'eft plus libre , il n'eft plus ».

En citant ces maximes, je n'entends pas les
approuver : je veux établir feulement , par un
témoignage irrécufable , que le droit de nom-
mer des légiflateurs à temps , ne conftitue pas
la liberté.

En effet , que le peuple ait confié le pouvoir
légiflatif à plufieurs perfonnes ou à une feule·,
pour un temps fixe ou illimité , l'affemblée &
fes membres, dans le premier cas , le roi & fes
fucceffeurs dans le fecond , font toujours les
repréfentans du peuple : car·c'eft à la volonté
du peuple que les uns & les autres doivent leur
autorité; c'eft en fon nom qu'ils l'exercent. Quoi !
je ferai libre , parce que j'ai concouru pour une
petite partie de plufieurs millions , au choix de
douze cents légiflateurs ; & je ferai efclave ,
parce qu'un légiflateur unique a été choifi par
mes ancêtres ! La liberté n'eft donc qu'un mot.

Je fuppofe, d'un côté, des repréfentans qui ne
foient contenus par aucun frein ; d'un autre
côté, un monarque qui foit foumis à des règles
inviolables : eft-ce que le peuple fera plus libre,
en obéiffant aux volontés abfolues des uns, qu'en
recevant de l'autre des loix fages & modérées ?
Des repréfentans, dont le pouvoir eft infini ,

dont la perfonne eft inviolable, dont la conduite eft au-deffus de toute cenfure, impoferont
à la nation des loix injuftes, tyranniques :
n'importe. La nation eft libre, parce que fes
defpotes ont été choifis par elle. Un monarque,
dont le pouvoir eft circonfcrit dans des bornes
que la nation a pofées, lui donnera des loix qui
la rendent heureufe : n'importe. La nation eft
efclave, parce que le légiflateur, qui la gouverne, n'a été choifi que par la conftitution.
Que le pouvoir légiflatif foit limité ou indéfini,
les loix juftes ou barbares, l'Etat opprimé ou
gouverné avec fageffe, toujours fera-t-on libre,
pourvu qu'il fe forme, à des époques déterminées, des affemblées primaires, où le tumulte
tiendra lieu de règle, où l'intrigue fuppléera
aux talens, où le fanatifme remplacera la raifon.
Que cette philofophie eft admirable !

Il eft, dans les gouvernemens, même les plus
populaires, des citoyens qui ne font pas actifs,
c'eft-à-dire, qui ne jouiffent ni du droit d'élire,
ni de la faculté d'être élus : ceux-là font donc
efclaves, tandis que leurs concitoyens font
libres ! Et ceux qui languiffent aujourd'hui dans
l'efclavage, parce qu'ils n'ont pas un revenu
fuffifant pour être citoyens *actifs*, feront-ils
libres demain, fi la fortune vient à les favo-

rifer ? Et ceux, au contraire, qui étoient libres
hier, pour avoir le revenu preferit, font-ils
efclaves aujourd'hui, fi un événement fâcheux
a diminué leurs poffeffions ? L'ingénieux fyftême
qui rend les citoyens alternativement efclaves
on libres, felon que leur fortune vient à changer
de face, & qui, calculant la liberté comme les
écus, veut qu'on foit riche pour n'être pas
efclave !

Pourquoi la nation ou fes membres feroient-
ils dans la fervitude, lorfque le roi jouit du
pouvoir légiflatif ? Sans doute, parce qu'ils font
alors fous une direction étrangère. Mais les
individus fe font mis de même, par le Contrat
Social, fous la conduite du Corps politique.
L'état de fociété eft donc auffi un état d'efclavage. Le droit que les individus attribuent au
Corps politique, en formant la fociété, & le
droit que le Corps politique tranfmet, à fon
tour, au fouverain qu'elle établit, font de la
même nature. Ce n'eft ni un droit arbitraire,
ni un droit indéfini. Il nuit à l'indépendance,
parce qu'il foumet à des loix nouvelles, mais
n'éteint pas la liberté, parce qu'il ne foumet
qu'aux loix.

Le fyftême qui confond la liberté du peuple
avec le droit d'exercer le pouvoir légiflatif, ou

par lui-même, ou par des repréfentans, nommés à différentes époques, n'eft donc qu'une
illufion de l'amour-propre, s'il n'eft pas un
délire de l'imagination.

CHAPITRE VII.

*Que la divifion des pouvoirs n'eft pas un caractère
effentiel de la liberté.*

Il eft un autre fyftême, inconnu des anciens
politiques, mais devenu fameux parmi les nouveaux philofophes ; fyftême qui fait naître la
liberté de la féparation des pouvoirs, & l'efclavage de leur réunion ; en forte que, pour être
libre, le peuple ne doit accorder au roi que le
pouvoir exécutif.

Puffendorf (1) foutient que toutes les parties
de la fouveraineté ont entr'elles une liaifon fi
intime, qu'on ne peut les féparer fans qu'il en
réfulte un Corps d'Etat irrégulier & vicieux.

_____

(1) Droit de la nature et des gens, liv. 7, chap.
4, §. 11 et 12.

S 3

Un membre de la Diette de Pologne difoit der-
nièrement : « plus les pouvoirs feront divifés ;
» moins le gouvernement aura de nerf ; l'Etat
» languira , & finira par tomber dans le
» néant ».

Tacite avoit dit long-temps avant eux que le
Corps d'un feul empire doit être gouverné par
une feule ame ; qu'il importe à la tranquillité
publique que toute la puiffance foit réunie dans
les mêmes mains ; que la divifion du pouvoir
devient une fource de difcorde.

Mais , ne confondons pas les précautions
propres à garantir la liberté , avec les caractères
qui la conftituent. Aura-t-on moins à craindre
pour elle , lorfque les différens pouvoirs font
remis dans des mains différentes? Cette queftion
n'eft pas de mon fujet ; j'examine feulement fi
la liberté confifte dans la féparation des différens pouvoirs.

Pour que les fujets foient libres, dites-vous,
il faut que le monarque jouiffe feulement de la
puiffance exécutive. Mais , je demande ce que
vous ferez du pouvoir législatif. Le confierez-
vous à une feule perfonne ? Alors , vous éta-
bliffez deux rois dans le même royaume ; & il
n'y auroit point de méthode plus vicieufe. Le
réferverez-vous aux repréfentans élus par le

peuple ? Vous retombez dans le fyflême que je viens de réfuter.

Quelque parti que l'on prenne, le pouvoir légiflatif fera dans une main, & le pouvoir exécutif dans une autre. Mais je n'apperçois aucun rapport entre cet arrangement & la liberté. Si les pouvoirs font réunis, & que cependant je n'obéiffe qu'à la loi, ne ferai-je pas libre ? Si les pouvoirs font féparés, & que cependant je gémiffe fous des ordres arbitraires, ne ferai-je pas efclave ?

Ce n'eft pas tout : le pouvoir légiflatif eft fupérieur, fans doute, au pouvoir exécutif. Et s'il plaît au premier des deux de s'attribuer l'autre par un décret; s'il lui plaît de le dépouiller pièce à pièce, & d'en partager les droits entre la multitude, & fes créatures & lui-même, qui s'y oppofera ? Tous les pouvoirs pourront donc fe réunir & fe confondre à la voix du légiflateur, & à fon gré. Ainfi, la liberté publique dépendra de la volonté pure du pouvoir légiflatif; c'eft-à-dire, qu'elle ne fera qu'une ombre vaine. Qu'eft-ce, en effet, qu'une liberté qui dépend d'un tiers, finon la fervitude ?

Je veux que le pouvoir légiflatif ne fe déclare pas defpote par un décret formel. Mais, s'il exerce le defpotifme fans le déclarer, comment

S 4

l'arrêtera-t-on ? S'il ufurpe, chaque jour, les
droits du prince, les fonctions des magiftrats ;
fi les Corps adminiftratifs s'emparent du pouvoir judiciaire, & que cette entreprife ne foit
pas réprimée ; fi le pouvoir judiciaire voit fon
autorité avilie, & ne peut fe déployer avec
fuccès que contre la timide colombe ; s'il faut
être en butte à la perfécution, ou ramper devant l'opinion dominante ; fi des tribunaux d'inquifition, établis dans toutes les parties de
l'empire, font un trafic de l'efpionage & des
délations fecrètes ; fi la populace, comptant fur
l'impunité, fe fait un jeu du pillage, de l'in-
cendie, du maffacre, les pouvoirs auront beau
être féparés par les termes de la conftitution ;
certes, on ne fera pas libre.

Ce qui attente à la liberté, ce font les ordres
arbitraires. Mais les ordres arbitraires n'émanent
point du pouvoir légiflatif ; car ils s'exercent
fur les individus, tandis que la loi s'adreffe à
tous les citoyens. C'eft le pouvoir exécutif qui
les intime ; c'eft lui feul qui les fait exécuter ;
C'eft donc lui feul auffi qui eft à craindre pour
la liberté ; &, dans la réunion des pouvoirs ,
comme dans leur féparation, le danger refte le
même, parce que, dans l'un & l'autre cas, la
puiffance exécutive a toujours la même autorité.

En vérité, les politiques qui ont arrangé le
fyftême de la divifion des pouvoirs, ont mal
diftribué les rôles. Pour n'avoir rien à redouter
de l'autorité royale, il falloit donner au roi la
volonté qui ne fait point de mal, & réferver
aux repréfentans de la nation la force qui feule
eft dangereufe.

CHAPITRE VIII.

Ce qui affure l'ufage de la liberté, ce font les loix
fondamentales.

QUE les pouvoirs foient féparés ou réunis
dans la main du peuple ou du roi, on fera
libre, s'ils ont des bornes; on fera efclave, s'ils
n'en ont point. Ce qui affure donc la liberté,
ce font les loix fondamentales, qui reftreignent
les pouvoirs; ce n'eft pas leur féparation, ce
n'eft pas la qualité de leur dépofitaire. Que l'on
établiffe dans tous les Etats, des loix fondamentales, & le defpotifme fera banni de l'univers.
Je fuppofe que la loi foit faite par le monarque,
mais acceptée par des états-généraux; que le
monarque demande les fubfides, mais que des

états-généraux les octroient ; que les citoyens
ne puissent être arrêtés qu'en vertu de la loi ,
dans les cas qu'elle a marqués , avec les formes
qu'elle a prescrites ; qui osera soutenir que ,
dans une telle monarchie , on ne jouit pas de
la liberté?

On dit que la réunion de tous les pouvoirs
produit le pouvoir arbitraire , & avec lui le
despotisme. On a raison , si l'on suppose que les
pouvoirs réunis soient en même temps illimités.
On se trompe , s'il existe des loix fondamentales
qui leur opposent de fortes barrières. Est-il donc
arbitraire , un pouvoir dont l'exercice est soumis à des règles? Est-il tyrannique, un pouvoir
qui s'éteint , lorsqu'il dégénère en tyrannie ?

Mais il franchira aisément les bornes qui lui
sont prescrites. . . . . . . Veut-on parler du fait,
quand il s'agit du droit? veut - on m'opposer
l'abus , quand j'établis la règle ? Ces bornes ne
doivent pas être franchies. Elles ne peuvent
l'être sans violer la loi , sans rompre les nœuds
qui attachent les sujets au souverain , sans former un état de guerre entr'eux & lui. C'en est
assez pour que la réunion des pouvoirs sur la
tête du roi ne soit point , par sa nature propre,
contraire à la liberté.

Maintenant , si l'on suppose que le monarque

se serve de sa puissance pour tyranniser l'Etat, & que l'Etat soit trop foible pour lui résister avec succès, hé bien ! lui seroit-il plus difficile alors de s'emparer du pouvoir législatif, qu'on ne lui auroit pas accordé, que d'enfreindre les conditions inviolables sous lesquelles on le lui a transmis ? Le pacte fondamental qui lui défendroit de faire des loix, seroit-il plus sacré pour lui, que la convention qui lui ordonne de les bien faire ? Otez la force, si vous en craignez l'abus ; mais alors, vous n'aurez ni roi, ni gouvernement, ni société civile.

S'il faut, pour être libres, trouver une constitution qui ne laisse aucun accès à l'usurpation & à la tyrannie, il faut aussi renoncer à la liberté. Que les loix soient faites par le prince ou par le peuple, il sera toujours à craindre que l'erreur, l'amour-propre, les passions n'égarent le législateur, ou ne le corrompent. Que les pouvoirs se réunissent ou se séparent dans leur course, on les verra toujours lutter contre leurs rives, & les ronger insensiblement.

Le point essentiel est de se défier des illusions de l'orgueil, des prestiges de l'imagination, de la manie des nouveautés, des égaremens de l'esprit d'indépendance, de s'en tenir à ce qui est bien, crainte de trouver le mal, en cherchant

ce qui feroit mieux ; de fortifier les loix fondamentales contre l'autorité, la tranquillité publique contre l'anarchie, la sûreté des citoyens
contre la licence. Sans doute, la liberté eft un
grand bien, mais le fanatifme qu'elle infpire
fouvent, eft un grand mal ; &, quand on la
cherche où elle n'eft pas, c'eft l'efclavage qu'on
rencontre. Que l'on travaille au bonheur du
peuple, il fera toujours affez libre, pourvu qu'il
foit heureux.

CHAPITRE IX.

De la Religion.

NUL empire n'exifta jamais fans religion. Les peuples, même les plus barbares, ont eu des Dieux & un culte. Souvent, ces Dieux étoient ridicules, fouvent leur culte étoit atroce ; mais la raifon humaine a compris, jufques dans fes plus grands égaremens, qu'une religion eft né-ceffaire aux hommes. Il en faut une pour le vulgaire, à qui les philofophes ne peuvent donner que de fauffes lumières, plus trompeufes que l'obfcurité. Il en faut une pour les philofophes eux-mêmes, que l'on verra dominés par les paffions, comme de vils efclaves, tant qu'ils n'auront à leur oppofer que leur orgueilleufe & foible raifon. Il en faut une pour l'Etat ; car la religion eft le premier reffort des loix poli-tiques & civiles. Si elle ne foumet pas les hommes à leur empire, la crainte feule pourra les faire exécuter : la crainte, le plus vil des motifs, & le moins efficace.

Mais les philofophes qui ont mis leur gloire à méprifer la religion chrétienne, voudroient

que tous les gouvernemens la banniffent. Elle
ne peut, difent-ils, fe concilier avec la liberté,
avec l'amour de la patrie, avec les vertus que
cet amour infpire. Ils peignent les chrétiens
comme des idiots, des lâches, des efclaves ; &
ils croient, avec leurs ridicules portraits, avoir
triomphé de la religion même. . . . . Philofophes
impies ! vous donnez donc plus de prix aux
plates abfurdités du paganifme qu'aux vérités
fublimes des livres divins ; & vous croyez former de meilleurs citoyens aux exemples de ces
Dieux impurs, dont la vie eft un tiffu de crimes,
qu'à l'école du fils de Dieu, dont la vie fut une
continuelle leçon de fageffe & de vertus !

Qu'eft-ce donc que la religion chrétienne ?
C'eft un code de philofophie, dont l'auteur,
également affranchi & du bandeau de l'erreur
& du joug des paffions, n'eft jamais trompé,
& jamais ne trompe. C'eft-là que chacun peut
s'inftruire par des exemples, plus encore que par
de vains difcours, de ce qu'il doit à l'être fuprême & à la fociété ; de ce qu'il doit aux autres
& à foi : c'eft-là que l'on puife cette grandeur
d'ame, ce courage invincible qui, élevant
l'homme au-deffus des événemens, au-deffus de
lui-même, le rendent capable de modérer fes
défirs, de réprimer fes paffions, de voir du

même œil les careffes de la fortune & fes ri-
gueurs. C'eft-là que l'on trouve une morale
douce, qui gagne le cœur; une morale fublime,
qui entraîne l'admiration ; une morale claire,
qui eft à la portée de tous les efprits ; une morale de tous les temps & de tous les lieux, qui
apprend aux hommes à s'aimer, à fe pardon-
ner, à fe fecourir mutuellement ; une morale,
enfin, qui fait connoître la vertu, & fur-tout
qui la fait chérir. « Chofe admirable, s'écrie
» M. de Montefquieu! La religion chrétienne,
» qui ne femble avoir d'objet que la félicité de
» l'autre vie, fait encore notre bonheur dans
» celle-ci (1) ». Et dans les temps défaftreux
où nous vivons, que deviendroient tant de
malheureux, victimes de leur confcience, ou
opprimés par l'injuftice, fi la religion ne leur
offroit pas des reffources, ou du moins des
confolations ?

Eft-ce donc en prefcrivant aux princes &
aux fujets leurs obligations refpectives, qu'elle
peut former des tyrans ou des rebelles ? Eft-ce
en épurant les mœurs, qu'elle énerve le courage ; en infpirant le defir d'une autre vie,
qu'elle apprend à craindre la mort ; en conci-

_____

(1) Efprit des Loix, liv. 24, chap. 3.

liant le refpeĉt des loix avec la liberté, qu'elle
fait des efclaves ; en portant à l'accomplifle-
ment du devoir par la crainte des peines &
l'attrait des récompenfes, qu'elle invite à le
violer; en infpirant l'enthoufiafme du véritable
honneur, de la véritahle gloire, qu'elle rend
les hommes mous & efféminés, indifférens fur
le bien & fur le mal ?

Mais elle établit deux légiflateurs & deux
chefs ; ce qui devient une fource de diffentions;
Elle commande la foumiffion envers les puiffances, ce qui favorife la tyrannie. Elle détache des chofes terreftres, ce qui éteind l'a-
mour de la Patrie : voilà les torts qu'on lui
impute dans l'ordre focial.

Ces imputations viennent de l'ignorance ou
de la mauvaife foi.

1°. Si l'on admet un Dieu, il faut admettre
un culte ; & la croyance d'un Dieu & le culte
qu'on lui rend, forment la religion. Or, la
religion & l'empire, affociés enfemble, fup-
pofent des intérêts temporels & des intérêts
fpirituels, conféquemment deux légiflations
différentes, & deux différens légflateurs, ou
bien tout fera dans la confufion, ou l'empire
temporel & l'empire fpirituel auront chacun
leur chef propre & leur régime particulier.

M

Il faudroit donc, comme Bayle, conclure de cette objection, que l'atéisme doit être la religion des Etats. J'aimerois mieux conclure qu'il ne faut tolérer dans l'Etat qu'une seule religion. C'est de la multiplicité des croyances & des cultes, que les diffentions doivent naître. Il n'est pas de mon sujet d'indiquer la ligne de séparation tracée entre l'autorité de l'église & l'autorité du souverain. Mais quand la religion chrétienne a dit, *Rendez à César ce qui appartient à César, rendez à Dieu ce qui appartient à Dieu ;* elle a prescrit la règle la plus sage que l'on puisse désirer. Les loix de l'Eglise, & celle de l'Etat, ont ensuite marqué, par des bornes, le point où chacune des deux puissances doit s'arrêter. Si leurs usurpations respectives ont jadis occasionné des troubles, c'est aux hommes qu'il faut s'en prendre, & non pas à la religion. Mais depuis long-temps, ces usurpations étoient inconnues en France ; ou, si l'on en voyoit quelques exemples, elles étoient réprimées promptement & sans bruit. Depuis long-temps, l'Eglise & l'Etat se prêtoient un mutuel secours, qui entretenoit l'harmonie & la paix. Certes ! ce n'est pas dans le temps où Rousseau écrivoit *son Contrat social,* qu'il auroit dû prendre le prétexte des deux

T

législateurs & des deux chefs, pour attaquer
la religion chrétienne.

2°. Elle ordonne aux sujets d'obéir aux puis-
fances, & prévient par ce commandement, le
danger des féditions. Mais aussi, elle défend aux
puissances d'abuser de leur autorité & prévient,
par cette prohibition, les excès de la tyrannie. C'est ainsi qu'en contenant dans de justes
bornes & le prince & les sujets, elle fortifie
de toute part, les lois politiques, & travaille
efficacement à la conservation, à la prospérité
de la société civile.

La religion chrétienne veut que tout individu soit soumis, même à un usurpateur. Le
précepte est juste : un individu n'a pas le droit
de juger ceux qui gouvernent. Ce précepte est
conforme aux règles du *Contrat social* : tant que
le corps politique endure l'usurpateur, il n'appartient pas à un individu de lui résister. Le
précepte est avantageux à la société : la rebel-
lion d'un individu pourroit troubler la tranquillité publique. Mais que la Nation elle-
même fasse valoir ses droits contre un tyran
qui abuse des siens ; contre un usurpateur qui
chasse le souverain légitime, la religion pourroit-elle s'y opposer, elle qui protège tous les

droits ; elle qui défend, qui punit toutes les injustices ?

« La religion chrétienne est éloignée du pur
» despotisme, dit M. de Montesquieu (1), c'est
» que la douceur étant si recommandée dans
» l'Evangile ; elle s'oppose à la colère despo-
» tique avec laquelle le prince exerceroit ses
» cruautés ». Il auroit pu dire encore que le
despote usurpe une autorité que la Nation ne
lui a point transmise : car il y a moins de mal
à pécher contre la douceur que contre la
justice.

3°. La religion chrétienne détache le cœur
de l'homme des choses terrestres ; mais ce dé-
tachement n'est pas un abandon. Elle veut qu'à
chaque moment de la vie presente, le chrétien
jette les yeux sur la vie future ; elle veut que
la possession des biens de la terre, le prépare,
le conduise à la jouissance des biens du ciel.
Mais loin de détacher le père de ses enfans,
elle lui ordonne de leur consacrer tous ses
soins. Loin d'arracher les citoyens à leur patrie, elle leur ordonne de l'aimer : car l'amour
de la Patrie est un devoir, même dans l'ordre
de la Providence.

_____

(1) Esprit des loix, liv. 24, chap. 3.

T 2

La première loi qu'elle prescrit aux hommes, c'est d'aimer Dieu : la première obligation qu'elle impose aux citoyens, c'est de remplir les obligations de leur état. Il faut pour lui être fidèle, que le guerrier sache mourir en défendant sa Patrie ; que le magistrat consacre tous ses momens à l'administration de la justice ; que le cultivateur & l'artisan fassent prospérer, par leur travail, celui-ci son atelier, l'autre son héritage ; que le ministre des autels soit un modèle de piété, mais en même temps qu'il donne l'exemple de la soumission aux loix. Et l'on veut qu'avec de tels préceptes, elle ne fasse pas de bons citoyens ?

En un mot, la religion chrétienne vient de Dieu : Rousseau l'avoue. L'établissement des sociétés civiles, est également conforme aux vues bienfaisantes du créateur : on sera forcé d'en convenir. Je conclus de-là que la religion chrétienne est celle de toutes qui convient le plus à l'ordre social : car, on ne peut admettre de la contradiction, dans les œuvres de la divinité.

Je finis cette matière par un beau passage *des Provinciales Philosophiques* (1) : » Ce fut af-

(1) Tome V, pag. 370 et 379.

» furément une idée bien fage & bien fublime
» dans la religion, que celle d'avoir mis le
» gouvernement de la société, comme celui
» des aftres, fous la fauve-garde de la Divi-
» nité ; d'avoir vu le premier protecteur &
» le premier vengeur des lois dans un Dieu
» qui ne fouffrira pas impunément que les
» paffions l'emportent fur le bien général
» qui veille fur l'Etat comme fur fon ou-
» vrage, fur le prince comme fur fon image,
» & fur le peuple, comme fur fes enfans. Par
» là, le chef du peuple eft averti que fon
» empire doit être fignalé comme celui de
» Dieu, par la bonté, la vigilance, la juftice,
» l'amour, la bienfaifance ; que manquer à fes
» devoirs, à fes fonctions, c'eft manquer à
» un Dieu qui a voulu fe voir reprefenté par
» lui, & qui demandera aux adminiftrateurs
» des fociétés humaines, un compte fevère
» de l'emploi qu'ils ont fait de la puiffance
» qu'il leur a confiée. Par-là, tous les fujets
» font maintenus dans le refpect des chefs, &
» de la loi. L'autorité ne peut avoir une
» fource plus noble, la tyrannie un frein plus
» redoutable, la paix & le bonheur public,
» un garant plus fûr ».

T 3

CHAPITRE DERNIER.

CONCLUSION.

La science du droit politique peut se réduire à trois principes élémentaires.

Premier principe: Un contrat, exprès ou tacite, forme le lien de la société civile, & unit entre eux les membres qui la composent. C'est par un effet de l'obligation qui en résulte, que chaque citoyen doit contribuer au bonheur de tous, être soumis à l'autorité légitime, & jouir en paix de ses droits civils & politiques.

Second principe: Le corps du peuple devenu, par le Contrat Social, propriétaire de la souveraineté, peut la conserver ou la transmettre, selon que le bien de la société demande qu'il la retienne ou qu'il s'en dépouille : doctrine conforme aux lumières de la raison enseignée par tous les publicistes, consacrée par l'usage de tous les peuples ; & si Rousseau l'a contredite dans son *Contrat social,* il en a reconnu la vérité dans *ses Lettres de la Montagne.* Il a reconnu que, dans les démocraties, le pouvoir souverain appartient au peuple , mais appartient au Roi dans les monarchies, & que le gouvernement, diftinct de la fouveraineté dans les unes, eft confondu avec elle dans les autres (1).

(1) Voici ce passage, que j'ai omis de citer dans le second livre. Il est tiré *de la cinquième lettre de la Montagne*, page 137, *de l'édition de 1772.*

« Le mot de *gouvernement* n'a pas le même sens » dans tous pays, parce que la constitution des » Etats n'est pas par-tout la même.

» Dans la monarchie, *où la puissance exécutive* » *est jointe à l'exercice de la souveraineté,* le gou- « vernement *n'est autre chose que le souverain lui-* » *même, agissant par ses ministres, par son con-* » *seil, ou par des corps qui dépendent absolu-* » *ment de sa volonté.* Dans les républiques, sur-tout » dans les démocraties, où le souverain n'agit ja- » mais immédiatement par lui-même, c'est autre » chose. *Le gouvernement n'est ALORS que la puis-* » *sance exécutive, et il est absolument distinct de* » *la souveraineté* ».

Ces deux phrases *des Lettres de la Montagne,* détruisent toute la théorie *du Contrat social ;* et si Rousseau revenoit sur la terre, sans doute il ne prendroit pas pour une constitution monarchique, celle que l'Assemblée Nationale vient de décréter.

Peut-être aussi riroit-il de ce fameux décret qui, après avoir prononcé que la souveraineté *est une,*

T 4

Troisième principe: Il se fait un contrat ré‑
ciproque, un contrat inviolable entre la nation
qui transmet la souveraineté, & le monarque

---

indivisible, inaliénable et imprescriptible, ajoute que
tous les pouvoirs, émanent de la nation, *et qu'elle
ne peut les exercer que par délégation.*

1°. C'est reconnoître que la loi n'est point *l'ex‑
pression de la volonté générale.* En effet il est im‑
possible que le législateur délégué exerce une autre
volonté que sa volonté particulière. Il peut bien
dire ce que la nation doit vouloir : mais il ne peut
exprimer que ce qu'il veut lui-même. *La volonté
ne se représente point,* dit Rousseau. La loi n'est
donc, selon ce décret, que l'expression de la vo‑
lonté du corps ou de l'individu à qui le pouvoir lé‑
gislatif a été transmis ; et c'en est assez pour sap‑
per par le fondement le code politique de l'Assem‑
blée Nationale.

2°. C'est tomber dans une contradiction mani‑
feste. Si la nation doit déléguer tous les pouvoirs
qui constituent la souveraineté elle doit donc
déléguer aussi sa souveraineté elle-même, à moins
qu'on ne trouve une différence entre le tout et les
parties qui le composent. Or si la souveraineté
doit être déléguée, elle n'est donc pas inaliénable.
Déléguer la souveraineté, n'est-ce pas la trans‑
mettre ? La transmettre n'est-ce pas l'aliéner ?

3°. C'est du moins réduire une question de la
plus haute importance, à une misérable dispute de
mots. En effet, les pouvoirs peuvent être délégués

ou le sénat qui la reçoivent. Sans cela, aucun engagement ne lieroit les sujets envers le souverain, ni le souverain envers les sujets. Les

---

à plusieurs personnes ou à une seule, pour un temps limité ou indéfini, par la voie de l'élection ou de l'hérédité. Mais que la Nation donne à son Roi la souveraineté même, ou qu'elle lui délègue à titre perpétuel, irrévocable, héréditaire, tous les pouvoirs qui en dépendent, qu'importe? Dans l'un et l'autre cas, le Roi n'aura-t-il pas la même autorité? Ne sera-t-il pas également souverain?

4°. C'est se jouer de la stupide crédulité du peuple. Que fera-t-il en effet, de cette souveraineté dont l'usage lui est interdit, qui toujours doit être exercée par un sénat ou par un monarque, qui n'est enfin qu'un vain nom? Tous les deux ans, dit-on, il choisira ses représentans. Mais une souveraineté qui se réduit à l'obligation de changer souvent de despotes, tient de fort près à la servitude. D'ailleurs, s'il plaît au peuple d'avoir un représentant unique, jouissant de tous les pouvoirs, inamovible et héréditaire, il cessera donc alors d'être souverain, parce qu'il n'aura plus de représentans à élire. C'est-à-dire, en dernière analyse, que la souveraineté du peuple consiste dans le droit de la conserver ou de la transmettre ; et la question est de savoir, comme je l'ai déjà observé (liv. 2, ch. 9), lequel des deux vaut le mieux pour lui, ou d'un seul Roi, dont l'autorité soit perpétuelle, mais

uns pourroient, à leur gré, secouer le joug
de l'obéiſſance : l'autre pourroit devenir tyran,
ſans être coupable ; et lorsqu'on nie l'exiſtence
de cette convention ſacrée, dont les monumens de l'hiſtoire offrent tant d'exemples (1),
on favoriſe néceſſairement, ou le deſpotiſme,
à l'exemple d'Hobbes, ou l'anarchie, à l'exemple
de·Rouſſeau (2).

C'eſt elle d'ailleurs, qui fixe des bornes à
l'autorité ſouveraine, par les lois fondamentales qu'elle preſcrit : c'eſt elle qui défend les
droits de la propriété & la liberté des perſonnes contre les attaques du pouvoir arbitraire. C'eſt elle qui détermine les prérogatives
que la Nation entend ſe réſerver, & les droits
dont ſes repréſentâns devront jouir. Les écrivains qui la combattent, ſont les vrais enne-

---

contenue par de bonnes lois fondamentales, ou
d'une troupe de dictateurs temporaires, mais ab-
ſolus. Ce qui ſe paſſe en France, depuis 1789, fa-
cilite beaucoup la ſolution de ce problême.

(1) L'auteur des maximes du droit public de
France, en rapporte un très-grand nombre dans
plusieurs endroits de ſon ouvrage.

(2) Je ne parle que du *Contrat social*, le ſeul
des ouvrages de Rouſſeau, où cette pernicieuſe
erreur ſoit enſeignée.

mis du peuple : car c'eſt ſur-tout en faveur du peuple qu'elle eſt ſtipulée.

Si les repréſentans de la Nation Françoiſe euſſent reſpecté ces maximes, qui ſont le fondement & l'appui des ſociétés civiles & du gouvernement ; ſi, fidèles aux inſtructions qu'ils avoient reçues, au ſerment qu'ils avoient prêté, ils euſſent rempli la miſſion confiée à leur ſageſſe, combien d'actions de grace la France auroit à leur rendre ? On verroit le royaume replacé ſur les baſes qui ſi long-temps l'ont ſupporté avec gloire, la puiſſance royale renfermée dans les limites qui la contenoient autrefois, l'ordre rétabli dans les finances, les emplois donnés au mérite, l'impôt également reparti, & le peuple ſoulagé. On verroit des réformes douces & ſalutaires, faites dans le clergé, ſans que l'égliſe eût rien perdu de ſes droits ; dans la magiſtrature, ſans que la juſtice eût rien perdu de ſa dignité ; dans les troupes, ſans que l'armée eût rien perdu de ſa diſcipline ; dans le gouvernement enfin, ſans que la force publique eût rien perdu de ſa vigueur. On verroit tous les citoyens, de toutes les claſſes, jouiſſant, à l'abri des lois, de la ſûreté de leurs perſonnes, de la propriété de leurs biens, de toute l'égalité, de toute la liberté qui peuvent se concilier avec l'ordre politique. Enfin, notre antique & sage constitution, délivrée des abus que le temps avoit produits, & gravée à jamais sur des tables d'airain, auroit rendu à la France le bonheur & la gloire qu'elle y répandit, lorsque Charlemagne la tira de l'oubli ou elle étoit tombée. Oh ! que le bien étoit facile à faire ! Tous les ordres de l'Etat sentoient le besoin d'une prompte & grande réforme. Le clergé & la noblesse y prêtoient les mains de concert. Le Roi ne soupiroit qu'après le bonheur du peuple. L'extirpation des abus, & la régénération du royaume pouvoient s'opérer sans troubles, & même sans obstacles.

Mais pour avoir méconnu, ou foulé aux pieds ces premières règles du droit politique ; pour avoir annullé les clauses impératives de leurs mandats, & rompu les liens du plus auguste des sermens ; pour s'être érigée *en Assemblée constituante*, sans oser toutefois le décréter ouvertement, tandis que la Nation & le Roi les avoit constitués *en Etats-généraux*, conformément aux lois de la monarchie ; pour avoir voulu créer une nouvelle constitution, tandis que leur mission se bornoit à rétablir la constitution ancienne ; pour avoir détruit l'orga-

nifation primitive du corps focial, & traité
le peuple Français comme une horde de Sau-
vages fortie du fonds des bois ; pour avoir
eu la manie philofophique de fignaler leur
puiffance par la deftruction, de s'environ-
ner de ruines, & de dicter leurs lois, affis
fur des tas de décombres ; pour s'être fait
une étude de renverfer tous les appuis du
trône, d'en effacer l'éclat & de mettre les rênes
du gouvernement dans les mains de la multitude, incapable de les tenir ; pour s'être livrés
à une haine aveugle contre un clergé,
le premier de l'Univers, par la pureté de fa
doctrine & l'étendue de fes lumières, contre
une claffe de citoyens qui a fondé la monarchie, qui l'a maintenue fi long-temps, qui l'a
fauvée plus d'une fois (1), contre des corps

---

(1) Il feroit facile de prouver, contre M. l'abbé
Dubos, que la nobleffe existoit parmi les Francs
et les Gaulois, déjà même avant que Pharamond
eût paffé le Rhin ; et contre M. l'abbé de Mably,
que cette nobleffe étoit, non-feulement personnelle, mais héréditaire. De cette preuve, commen-
cée par M. de Montefquieu, il réfulteroit que l'ordre de la nobleffe, tenant par des liens indiffo-
lubles à l'organifation primitive de la nation Fran-
çoife, ne pouvoit en être féparé fans une infraction manifefte du Contrat Social.

de magiſtrature qui, pour défendre la cauſe
du peuple, n'ont jamais craint de compro-
mettre leur repos, leur fortune & leur vie;
pour avoir préféré les paradoxes des novateurs
aux dogmes éternels de la raiſon, & des ſpéculations trompeuſes à l'expérience des ſiècles;
pour avoir pourſuivi follement la chimère
d'une égalité abſolue, conçu de la liberté une
opinion fauſſe, & porté ſon amour juſqu'au
fanatiſme; enfin, pour s'être inveſti de la ſouveraineté qui, ſi elle étoit inaliénable, appar-
tiendroit à la Nation, mais qui appartenoit
à Louis XVI, comme ayant été tranſmiſe à
Pharamond, à Charles-Martel, à Hugues-Capet;
combien de maux ils ont accumulé ſur leur
patrie, en ſe propoſant de la rendre heureuſe?

La diſcipline que l'égliſe avoit établie pour
ſon gouvernement ſpirituel, pour la conduite
des ames, pour l'exercice du culte divin, a été
remplacée par un code, tel que la puiſſance
ſéculière n'en conçut jamais, & qui a plongé la
France dans les horreurs du ſchiſme, fait verſer
à notre religion ſainte, des larmes de ſang,
ouvert à la perſécution une carrière illimitée.

Le corps politique des François a été dif-
fout, au mépris du Contrat Social qui l'avoit

formé ; & l'on ne trouve à fa place que des individus fans organifation & fans lien, qui ne tenant à leur chef par aucun corps, par aucun ordre intermédiaire, verront fe perdre dans l'immenfe intervalle qui le fépare de lui, l'autorité tutélaire qu'il doit exercer fur eux.

Les provinces, dont la plupart avoient des privilèges acquis par des traités, ou réfervés par des donations, font divifées en une multitude de petites républiques, égales en droits comme en étendue, indépendantes les unes des autres, chargées exclufivement de fe régir ; mais qui n'étant point pouffées vers un centre commun par une force commune, fuivront dans leurs mouvemens des lignes divergeantes, s'ifoleront pour ne s'occuper que de leurs intérêts propres, fe traiteront mutuellement comme étrangères, peut-être comme ennemies.

Sur les débris de l'ancien gouvernement, font placés ;

Un Roi, fans autorité, qui n'eft dans la conftitution, que pour l'accepter, ou dépofer les triftes reftes de fa couronne ; dans la législation, que pour exercer la ridicule faculté de faire des remontrances ; dans le pouvoir exécutif, que pour envoyer à leur deftination les ordres qu'on lui tranfmet ; dans le pouvoir

judiciaire ; que pour délivrer aux juges des
patentes dont on lui a tracé le modèle ; dans
le pouvoir administratif, que pour suspendre
les administrateurs par des ordonnances pro-
visoires, qu'il n'osera pas rendre, & qu'une
autorité supérieure auroit le droit de révoquer ; dans la partie de l'imposition & des
finances, que pour toucher le paiement de sa
liste civile ; dans la défense de l'Etat, que pour
avertir les souverains législateurs de songer à
la guerre ; dans les relations extérieures, que
pour leur présenter des projets de traités d'alliances ; qui, en un mot, sous le vrai titre
de Roi, n'est que le premier lieutenant de
l'Assemblée Nationale, & bien au-dessous du
doge de Venise.

Des ministres, sans moyens, & d'ailleurs
enchaînés par tant de décrets, menacés par
tant de peines, entourés de tant de périls, que
s'ils avoient le pouvoir d'agir, ils n'en auroient
pas la liberté, & que s'ils en avoient la liberté,
ils n'en auroient pas le courage.

Des élections multipliées jusqu'à devenir
dérisoires (1), qui soumettent toutes les

_____

(1) Elections des électeurs, élections des législateurs, élections des administrateus, élections des
parties

parties de l'autorité à l'autorité de la multitude; qui fe renouvellant fans ceffe, relâche tous les refforts du gouvernement; qui donnent à l'intrigue & à la corruption, des armes pour triompher du mérite & de la vertu; qui éleveront aux emplois, non pas les plus dignes, mais les plus intrigans,

Les membres innombrables de 83 départemens, de 498 diftricts, de 44,000 municipalités, qui, mobiles comme l'onde & rapidement remplacés, arrivent au terme de leurs fonctions, fans avoir eu le temps de s'en rendre capables; à qui cependant on a confié la direction de la force publique, qui ne peut fe mouvoir que fur leur réquifition, & doit s'arrêter à leurs ordres; l'adminiftration de l'état qu'ils ne favent pas conduire, ou qu'ils conduifent arbitrairement; l'exécution des lois qu'ils ne favent pas entendre, ou qu'ils entendent à leur gré : l'intérêt commun de l'état, que

---

juges, élections des municipaux, élections des officiers de la garde nationale, élections des membres du tribunal de cassation, élections des évêques, élections des curés.... Le temps que cette foule d'élections fera perdre, est le moindre des maux qu'elles doivent produire.

V

chacun d'eux voit tout entier dans fon départe-
tement, ou même dans fon canton.

Des tribunaux de juſtice, compoſés de cinq
juges; égaux tout à la fois & ſupérieurs les
uns des autres; perpétuellement en butte à l'au-
dace, parce qu'ils n'ont aucuns moyens pour
faire reſpecter ni les lois, ni eux-même; &
dont les officiers, s'ils déſirent conſerver leurs
appointemens, plus de ſix années, devront former leur conſcience ſur les paſſions du parti
dominant dans le peuple.

Deux armées, l'une de ſoldats, l'autre de
citoyens. Liées par leur ſerment à trois êtres
diſtincts; autoriſées, par cela même, à raiſon-
ner ſur les ordres qu'elles reçoivent; portant
dans leur ſein une ſémence de rivalité & de
jalouſie; propres à inſpirer la crainte, plutôt
que la ſécurité, & à rendre l'autorité puſilla-
nime, bien plus qu'à lui donner de l'énergie.

Un ſénat permanent, revêtu d'une autorité
ſans bornes, affranchi de tout obſtacle, tenant
dans ſes mains tous les pouvoirs enſemble;
pouvant, au gré de ſes caprices, établir ou
renverſer, édifier ou démolir; réuniſſant tous
les traits qui caractériſent un deſpote.

Des clubs que l'enfer ſemble avoir vomis;
qui ſont compoſés de tout ce que la France a

d'hommes ignorans, groffiers, furieux; qui décident impérieufement toutes les queftions politiques, fans avoir les premières notions de cette fcience; qui n'accueillent que les motions forcenées & fanguinaires; qui épouvantent, par leur férocité, toutes les claffes de citoyens; qui intiment des ordres aux adminiftrateurs, aux juges, aux miniftres de l'églife, à l'affemblée nationale elle-même; qui perpétueront le défordre & l'anarchie, tant qu'ils ne feront pas anéantis.

Auffi, quel effrayant tableau la France offret-elle depuis deux ans? On y voit l'infurrection dans le peuple, l'indifcipline dans les troupes, les profcriptions, le pillage, les incendies, les maffacres dans toutes les parties de l'empire. On y voit l'égalité fervir de prétexte à l'infubordination; la licence régner effrontément fous le mafque de la liberté; le patriotifme, confondu avec la fureur, légitimer les excès les plus inouis; toutes les têtes courbées fous le joug du defpotifme populaire; l'homme fage, qui ne veut être ni perfécuteur ni perfécuté, réduit à quitter une terre barbare, d'où la juftice & la modération fe font bannies. On y voit le numéraire difparoître,

V 2.

la confiance fuir au loin, les impôts dou-
blés & ne fe payant pas, l'agriculture languif-
fante, les arts & le commerce ruinés, le de-
lâbrement des finances accru à un tel excès,
que bientôt il fera fans remède. On y voit le
crime triomphant lever audacieufement la
tête, tandis que tout homme de bien paffe
pour un citoyen pervers ; que tout fujet
attaché à fon prince, eft traité comme
ennemi de la patrie ; que tout pafteur fidèle au
culte de fes pères, eft pourfuivi comme rebelle;
on croiroit que l'amour de l'ordre, l'amour du
Roi, l'amour de la religion font les feuls crimes dignes d'être punis....

Je fupprime les outrages dont le Roi & fon
augufte famille ont été accablés : mon fáng fe
glace, quand de telles horreurs viennent frapper mon efprit ; la plume tombe de mes mains,
quand j'entreprends de les décrire. O ! le meilleur & le plus infortuné des Rois, quel eft
donc ton crime, fi ce n'eft d'avoir voulu rendre
à la nation les droits qu'elle avoit perdus, &
mériter, par ta bienfaifance, le titre glorieux
d'ami du peuple?

Qu'on ne penfe pas que tant de calamités
foient l'effet inévitable des révolutions; elles

Du Droit politique 277

font le fruit amer des pernicieufes maximes que l'on a répandues, du mauvais gouvernement que l'on a établi.

Toutes les fois que l'on dira inconfidérément aux hommes, *vous êtes égaux & libres*, il faut s'attendre à voir les liens de la fubordination fe diffoudre, & les droits de la propriété s'anéantir. Toutes les fois qu'on rompra les digues qui contiennent la multitude, elle fera telle qu'un torrent débordé; & quand on n'aura, pour la ramener au devoir, que des mots vuides de fens & une métaphifique obfcure, on ne l'y ramènera pas. Toutes les fois que le peuple pourra regarder comme fes créatures, ceux qui lui commandent, il croira avoir acquis le droit de leur défobéir. Toutes les fois qu'un état fera couvert d'hommes armés, il fera en proie aux troubles & à la licence, au défordre & à la confufion.

Avec des tribunaux fans force & fans majefté, la juftice peut-elle être bien rendue? Avec des adminiftrateurs qui n'ont point de confiftance, point de centre d'unité, la chofe publique peut-elle être bien régie? Avec des légiflateurs dont la puiffance n'auroit aucun frein, s'ils n'étoient pas foumis à l'influence des factions & dominés par la populace, les lois peuvent-elles être bien faites ? Avec un changement continuel des perfonnes en places, les places peuvent-elles être bien remplies ? Avec un pouvoir exécutif, lâche pour être trop divisé, timide pour être trop dépendant, engourdi fous les chaînes dont il eft accablé; comment le bon ordre pourroit-il fe maintenir avec l'établiffement d'une milice qui tire chaque jour le laboureur de fa charrue, l'artifan de fon attelier, le commerçant de fon comptoir, l'homme d'étude de fon cabinet, comment l'agriculture & le commerce, les fciences & les arts, pourroient-ils profpérer ? Avec une armée imbue, ou plutôt infectée de principes démocratiques, & plus favante dans la théorie des droits de l'homme, que dans la connoiffance des devoirs du foldats, comment la force publique pourroit-elle conferver fon activité ? Et comment enfin, un vafte empire feroit-il fagement gouverné, quand c'eft la multitude qui le gouverne ?

Veut-on tirer la France de l'abîme où elle eft defcendue : qu'on fe hâte de rétablir le gouvernement monarchique, non pas tel qu'il étoit avant 1788, plein de vices & d'abus, mais tel

qu'il doit être félon les anciennes lois de l'Etat ;
tel qu'il feroit, fi les repréfentans de la nation
avoient fuivi les ordres qu'elle leur avoit
donnés. Qu'on fe hâte fur-tout de rallumer dans
le cœur des Français cet amour pour leurs rois,
qui les a toujours diftingués parmi les autres
peuples, qui étoit la fource de toutes leurs
vertus publiques, qui remédioit à leur indifté-
rence pour la patrie, qui étoit pour eux un guide
bien plus fûr que les vaines déclamations de
leurs philofophes. Alors, le peuple fera libre,
parce qu'il n'obéira qu'à des lois confenties par
fes repréfentans, & ne payera que des impôts
qu'ils auront accordés. Alors, les lois feront
mûrement réfléchies, loin du tumulte des paffions, à l'abri des illufions, de l'amour-propre,
des effervefcences populaires, de l'efprit de fyftême & de parti ; & le monarque convaincu que
de mauvaifes lois feroient rebutées, n'en pro-
pofera que de bonnes. Alors le pouvoir exécutif
également libre & prompt dans fes mouvemens,
aura toute l'énergie néceffaire pour faire refpecter les lois, fans en avoir affez pour opprimer la liberté publique, & à la faveur de fa
protection bienfaifante, la confiance & le cré-
dit reviendront vivifier l'Etat ; les citoyens
vivront en fûreté dans leurs foyers, recueille-

ront sans trouble le fruit de leurs travaux, jouiront de leurs droits sans abufer, chériront la patrie dans la perfonne du Roi qui en eft le père, & béniront la Providence d'avoir ramené parmi eux la juftice, la paix & le bonheur.

Fin du Sixième & dernier Livre.

A Paris. De l'Imp. de la FEUILLE DU JOUR, rue de Bondi, N°. 74.

ERRATA.

Page 36, ligne 16; pour.elle; *lisez* par elle.

p. 53, ligne 5; partage, *lisez*, passage.

p. 62, la note 1 doit être à la place de la note 2.

p. 63, ligne dernière; qui constitue, *lisez* qui le constitue.

p. 99, ligne 16; par sa naissance, *lisez*, par la naissance.

p. 100, lig. 14; pour se conserver, *lisez*, pour conserver.

p. 106, ligne dernière; le fidéi-commis, *lisez* ce fidéi-commis.

p. 110, lig. pénultième, qui le possède, *lisez* qui la possède.

p. 126, lig. 22; à la nature, *lisez*, de la nature.

p. 131, lig. 17; de tous les temps *lisez* dans tous les temps.

p. 136, lig. 18, disputer, *lisez* disputes.

p. 139, ligne 6; de Charlemagne, *lisez*, du petit-fils de Charlemagne.

p. 160, ligne 15; de droit, *lisez*, du droit.

p. 169, lig. 9; si le prince, *lisez*, si le peuple.

p. 173, lig. 7; les pouvoirs, *lisez*, le pouvoir.

p. 182, lig. 16; réunis, *lisez*, remis.

p. 198, lig. 21; l'intention, *lisez*, l'institution.

p. 211, lig. 20; patrimoine; *lisez*, parcimonie.

p. 212, lig. 5; indulgence, *lisez*, indigence.

p. 235, lig. 7; gouverne, *lisez*, gouverneroit.

p. 272, lig. 13, vrai titre, *lisez*, vain titre.

p. 280, lig. 2; sans abuser, *lisez*, sans en abuser.

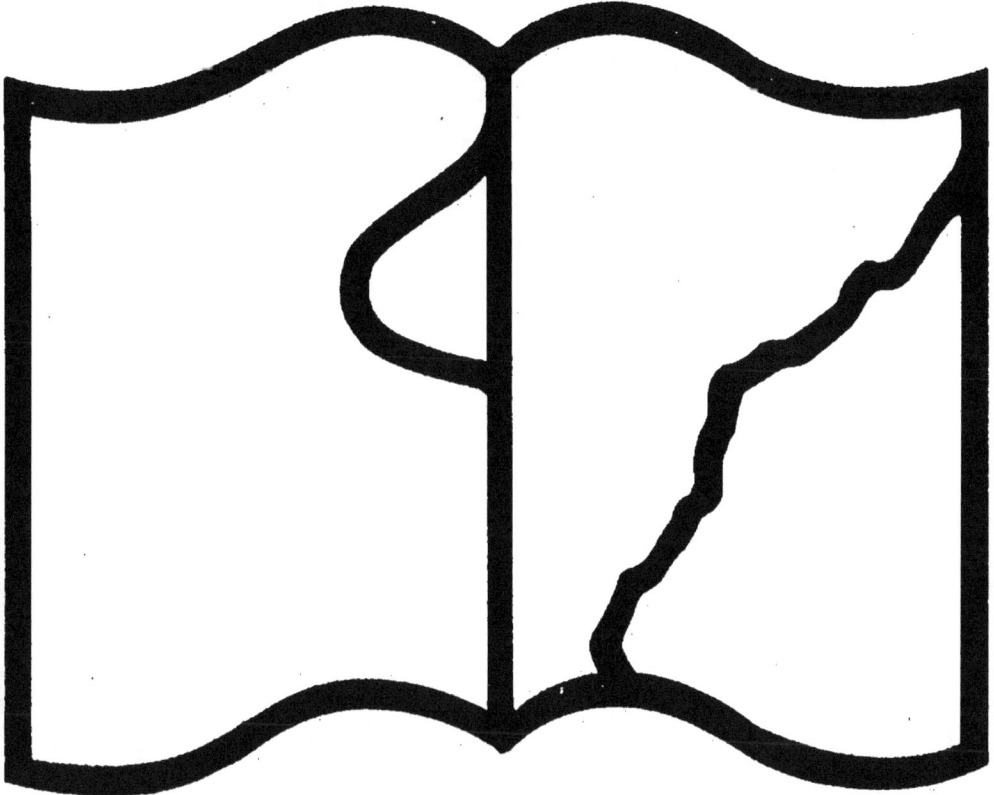

Texte détérioré — reliure défectueuse

NF Z 43-120-11

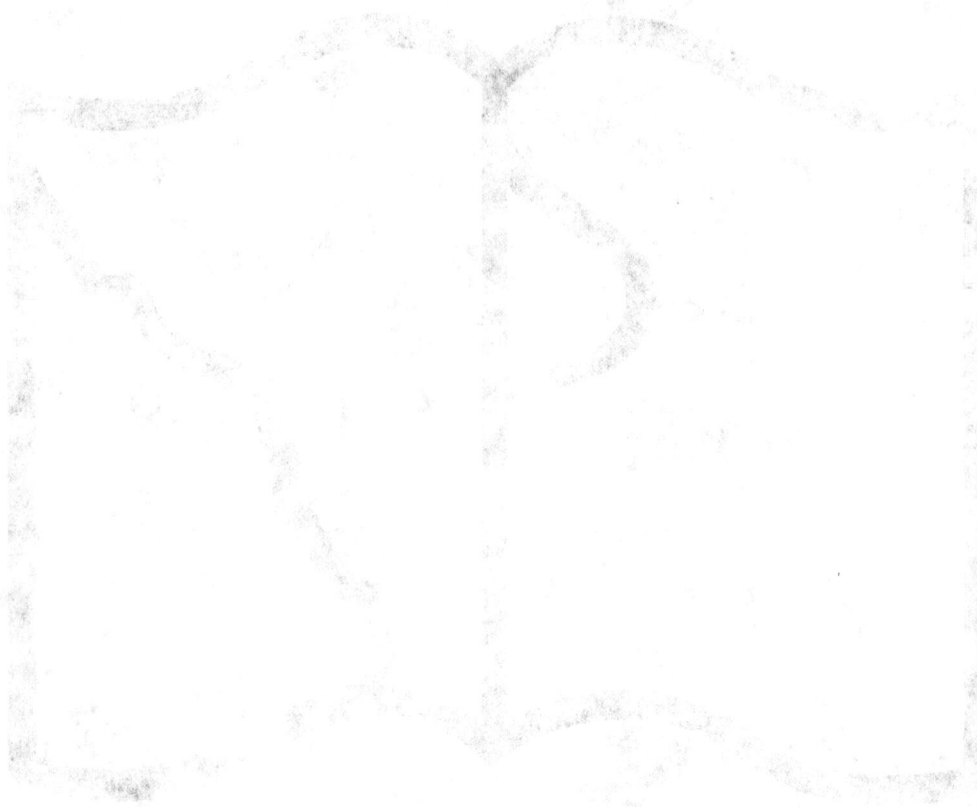

www.ingramcontent.com/pod-product-compliance
Lightning Source LLC
Chambersburg PA
CBHW070756270326
41927CB00010B/2159

* 9 7 8 2 0 1 3 5 3 0 1 2 5 *